保育でつむぐ子どもと親のいい関係

井桁容子

小学館

今、保育に求められていること

あるとき、ナースリールーム在園児のお母さんから、「子どものころに発表会で使ったドレス2着をごっこ遊び用に」といただきました。保育室に置いてみると、さっそく1歳児の琴美ちゃんが興味を示してくれました。「小柄な琴美ちゃんには、少し大きいかな」と思ったのですが、リクエストに応えて着せてあげるとロングドレスのようになって、いい感じでした。その姿がかわいかったので写真に収めました。

翌日、琴美ちゃんのお父さんが登園時にいらしたので、「昨日、かわいいドレスをいただいたので、保育室に置いたら琴美ちゃんが一番に興味を示してくれて着せてあげたら、とっても似合っていましたよ」と話しました。すると、「それは見たかったなあ～」と、本当に残念そうだったので、「もしかしたら、今日も着たがるかもしれませんよ」と伝えたところ、「着てくれるといいなあ……」とつぶやきながら、琴美ちゃんを抱っこして保育室に入っていきました。間もなく、そのお父さんが小走りで玄関先まで戻ってきて、「今、着てくれそうなので写真を撮っておこうかと思い、ケータイを取りに来たんです」とうれしそうです。「それはよかったですね。一応、私も写真を撮ったんですが……」と伝えると、「いや〜。やっぱり僕が撮らないと！　だって、愛情が違いますからね!!」と、にっこり笑って保育室に戻っていきました。その背中に向けて「たしかに！　お父さんの愛情にはかなうわけがないですね」と答えつつ、何ともほっこりとした温かい気持ちになりました。このお父さんの自信あふれる言葉には、本当に感動しました。子育てを難しく考えすぎて、単純にかわいいと思う気持ちがどこかに押しやられてしまう親が多い昨今、こんなに堂々と〝わが子への愛情は誰にも負けない〟といいきれるお父さんはすばらしいです。

こんなふうに、保育者という立場での人との出会いやかかわりは、ほんの一瞬の出来事でも心が豊かになり感動させてもらえるので、役得といえるかもしれません。

その反面、シビアな家族の関係に胸を痛めたり、思いがけないカミングアウトをされて、人は表面的なことで判断してはいけないということを痛感させられたこともありました。人との信頼関係が希薄になってきている現代社会だからこそ、保育園や幼稚園では安心して子どもを委ねられる関係性を築いていくために、保育者にソーシャルワーク的役割が求められるのも当然のことと思います。しかし、日本の保育や教育の現状は、どの角度から見ても悪化しているように思われて、とても気がかりです。

今、子育てや自分自身の育ちの過程に悩みをもつ親世代を本当に応援できるのは、保育者しかいないように思うのです。子どもにとっては人生のスタートの時期に、大人にとっては親としてのスタートの時期に出会い、日々継続的に、しかも数年間にわたって、ときにはプライバシーにまで踏み込みながらかかわりをもつことができる保育者こそが、親子の育ちを支えるもっとも身近な存在だと思うのです。困った子どもが増えたのではなく、困った大人に困らされている子どもが増えて、困った親が増えたのではなく、親になりきれないで困っている親たちがいるのです。そのことに歴史的、社会的な背景を含めた正しい理解と共感性をもってかかわり、保育を行っていくことが、今、保育者に求められているのだと思います。

本書は、保育者としての自分を軸にしながら、親として、働く女性として、日本の社会に生きる大人として、そして人間としての自分と自問自答しつつ、「理想的な保育」を語るものではなく、大人も子どもも豊かな気持ちで生きることができる社会になるための願いを込めて書いたつもりです。保育者が、その土台をしっかりと支えるためにお役に立てることを心から願ってやみません。

もくじ

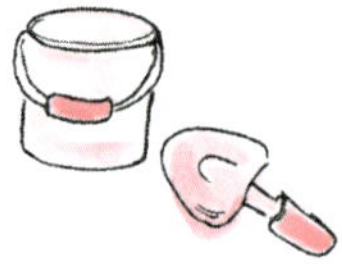

Part 4
〝おばあちゃん〟との関係性……119

epilogue

東京家政大学ナースリールームは、乳幼児の最善の利益の保障と女性の就労支援、質の高い保育の実践と研究を目的として、1967年、学内に開設された保育施設です。現在、0歳（産休明け）～3歳、定員14名、子どもの立場に立った乳幼児の保育を実践しています。

| Prologue |

何気ない日常のなかに、大事な支援のポイントがある

〝みんなの先生〟になるためにクラスの隔《へだ》てのない

ナースリールームの主任になった1年目。クラスをもてなくなって泣きたくなるほどの寂しさを感じましたが、クラスをもたないからこそ見えることがあるはず……と自分にいいきかせながら過ごしていました。半年くらい経ったころでしょうか、3歳になった啓吾君が「ねえねえ、みんなの先生!」と私を呼んでくれたのです。

思えば、その前の年、0歳児の担任をしていた私を啓吾君は「赤ちゃんの先生」と呼んでいたことを思い出しました。私のポジションが変わり、クラスの隔てなくみんなにかかわっていることを感じ取ってくれていたということです。担当でもなかった私を、そんなふうに見ていてくれたのかと感動し、励ましをもらった気持ちになって胸を熱くしました。そのときから、本物の〝みんなの先生〟になれるようにがんばろうと決心ができ、気持ちを切り替えるきっかけとなりました。

〝みんなの先生〟になるための第一歩として、まず登降園時間の親子との接触を大事にしようと心がけました。なぜなら、朝夕の親子の様子、例えば見られていると気づかないときの母親の表情や口調、子どもの表情やしぐさ、声の調子などから、昨夜、あるいは今朝、その家族に起こったことやその日の心もちがよく見えてくるので、さりげなく思いを受けとめることが早めにできるからです。早期発見、早期治療というところでしょうか。

保護者への対応は、相手から問題を投げかけられる前に日常の何気ないやり取りのなかに嗅《か》ぎ取って、具体的な場面を通してカバーしておくことが効果的だと思います。「うわ～、今日は元気な〝おはよう〟ですねえ」と声をかければ、「そうなんです。パパが、昨日出張から帰ってきたからうれしいんだよね」と、昨日まではまるで違った緩やかな笑顔とセットの母親の返事に、ここ数日の母子の表情の硬さは緊張と疲れからだったのだと理解できます。

そして、「ひとりでがんばるのは大変ですものねえ。もともと人間は、お母さんひとりで子育てはしていなかったそうですよ。みんなで助け合って育ててきたといわれています。お母さん、大変なときはひとりでがんばらないで、いつでも相談してくださいね」と話すことで、肩の力を抜いてもいいことをタイムリーに伝えるチャンスにできます。

子どもに否定的な見方が多い保護者の背景

子育てをひとりでがんばらなくていいんだということ、よいお母さん、お父さんを演じなくてもいい、ありのままの自分でいいのだと保護者が感じられることは、子どもが育つ環境づくりのなかでは、かなり重要なところです。

保護者自身の自己肯定感が育つには、保育者から保護者への直接的な応答性だけではなく、保育のなかで他の子とは比べずにその子らしい育ちを認め、具体的な形で保護者に日々伝えていくことが一番の近道です。わが子のありのままが受けとめられる幸せは、不思議なほどに保護者の心を緩やかな自然体にするものです。

これまで、朝夕のちょっとした時間のやり取りのなかで話を聞くうちに、悩みの根本的なところは子どものことではなく、その母親の成育歴、特に自分自身の母親との関係が大きく影響していたことがよくありました。

出産のときも里帰りをせず、産後も自分の実家に帰ろうとしないので、それとなく理由をたずねてみると、「母も仕事をしていますので……」「介護があるので……」など、それなりの理由はあるようですが、どうもそれだけではなさそうなのです。本当は、自分の母親に弱音を吐くと「私はがんばってきたのに、何を甘えているの⁉」と、反対に叱咤《しった》されて傷ついてしまい、自己肯定感がさらにもてなくなって子育てに自信をなくしたり、専業主婦で自己発揮しきれなかったおばあちゃん世代に「もう子育てはたくさん。自由に生きさせて」と孫の世話を断られていたり……。子どもに否定的な見方が多い保護者のなかには、そのような背景がゆとりを失う要因になっていることがあるのです。

このような場合は、正しい子育てを教えるという姿勢で臨むと失敗します。保育者から自分はダメな親であると評価されたと感じ、ガードがかたくなって本当のことを伝えてくれなくなり、親子の状態や家庭内の様子がますます見えなくなってしまうからです。

「ナースリーで先生方に育てていただいたやさしさ」

あるとき、子どもの「やだやだ」に悩んでいたお母さんに、子どもの気持ちを代弁しました。

すると、そのお母さんは「先生は、いつも子どもの味方なんですね。私の味方になってくれない……」というので、「それはそうですよ、だってお母さんは、こうして自分の気持ちを言葉にして困ったことを解決できるけど、子どもたちは自分の気持ちをうまく表現できないし、表現させてもらえる間も与えられないことが多いですからね。

不公平にならないように通訳しておかなくちゃ」と笑って答えたら、みるみるお母さんの瞳が涙でいっぱいになりました。そして、「私も、先生みたいなお母さんに育てられたかったなあ……」というのです。それから、続けてこういいました。

「私は、自分の母親の顔色ばかり見て育ちました。どうしたら母親に認めてもらえるか、ほめられるかと……。でもあるとき、それががんばりきれなくなって、『お母さん、私はダメな子どもだと思って諦めて』といったんです。そうしたら、私の母はなんと答えたと思いますか？『それじゃあ、私が恥ずかしいでしょ‼』って……。

これまで私ががんばらされたのは、私のためではなくて母親自身のためだったとわかって、すごく傷ついたんです。そのあとすごく荒れましたし、母親に大きな不信感を抱くようになりました……」

日ごろ、子どもの喜怒哀楽にクールな反応を示すその母親の内面に、このような自分自身の育ちが葛藤を生んでいたと気づかされ、困った親と見ていた自分を恥じました。

じつは、この母親のカミングアウトの前に、私は次のような子ども同士のエピソードを伝えていました。

「庭で遊んでいるときに、祐介君がプランターに季節外れの小さなイチゴを2粒見つけたのです。『みんなも食べたいと思うけど、どうしようか？』と祐介君にいうと、手でちぎるようなしぐさをし始めたので、あわてて止めました。そして、お皿とフォークを渡してみたのですが、祐介君は、小さなイチゴなのに、フォークを使ってさらに小さく切り始めたのです。そして切り終えると周囲にいた友達の口にひと切れずつ入れてあげたのです。

最後に残ったひと切れも誰か食べていない子はいないかと探す様子だったので、『祐介君の分は?』とたずねると、『ああ、そうか』と気づいたかのように自分の口に入れました。まだ3歳だというのに、こんなやさしい心配りができる祐介君に感動しました」

母親は、「家では弟をいじめてばかりいるから、そんなやさしいところがあるなんて……。でもそれって家で育った心ではなくて、ナースリーで先生方に育てていただいたやさしさだと思います」というので、「いいえ、お母さんが悩みながらも、私たちの言葉に耳を傾けてくださって、なんとか祐介君の気持ちを理解しようと努力してきたことが、やさしさとして伝わっているのだと思いますよ」と、私は話しました。

親も子も、こんなふうに何気ない日常のやり取りのなかで、認められて育っていくものなのです。

Part 1

子どもの思い、親の思い

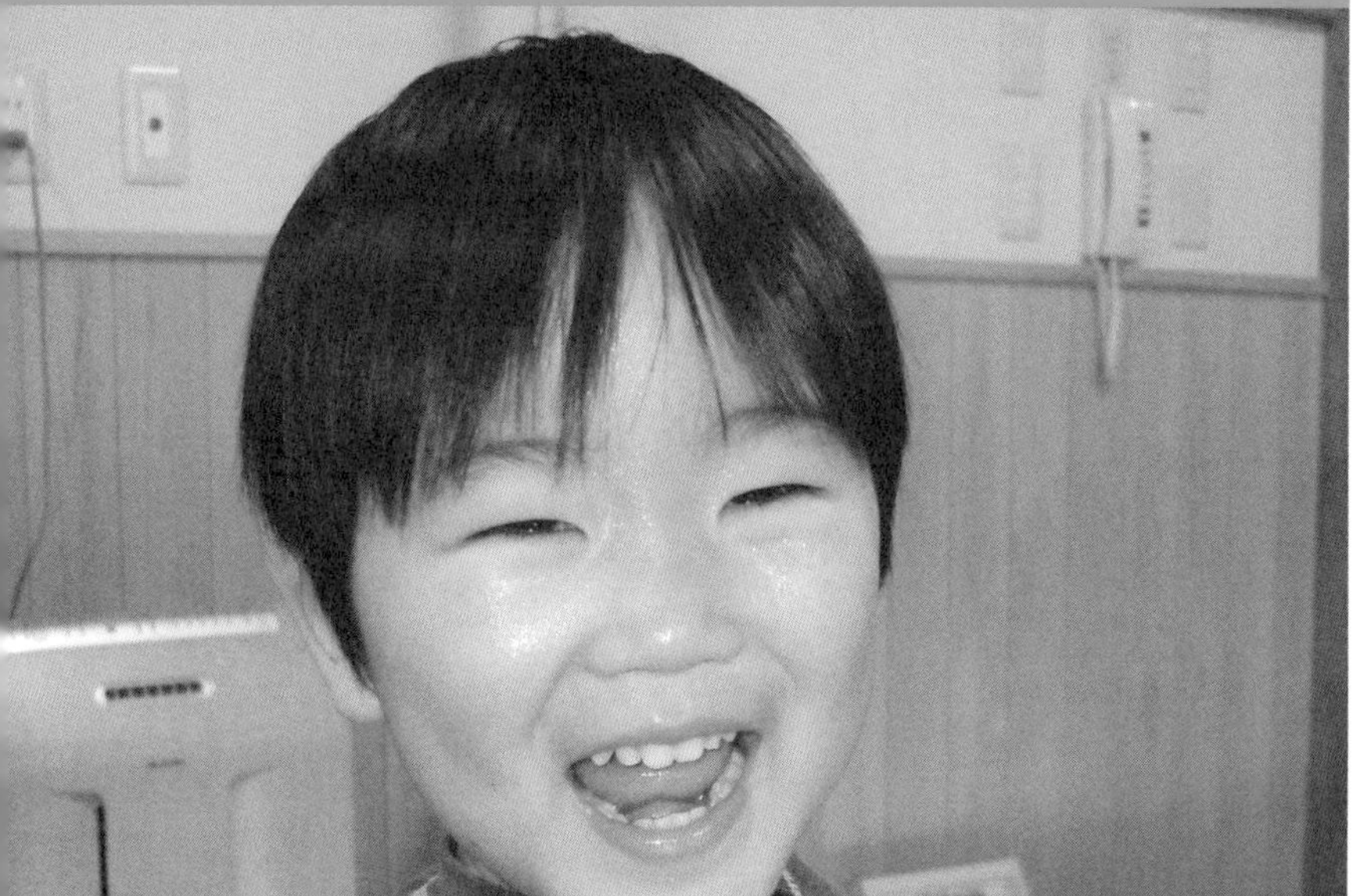

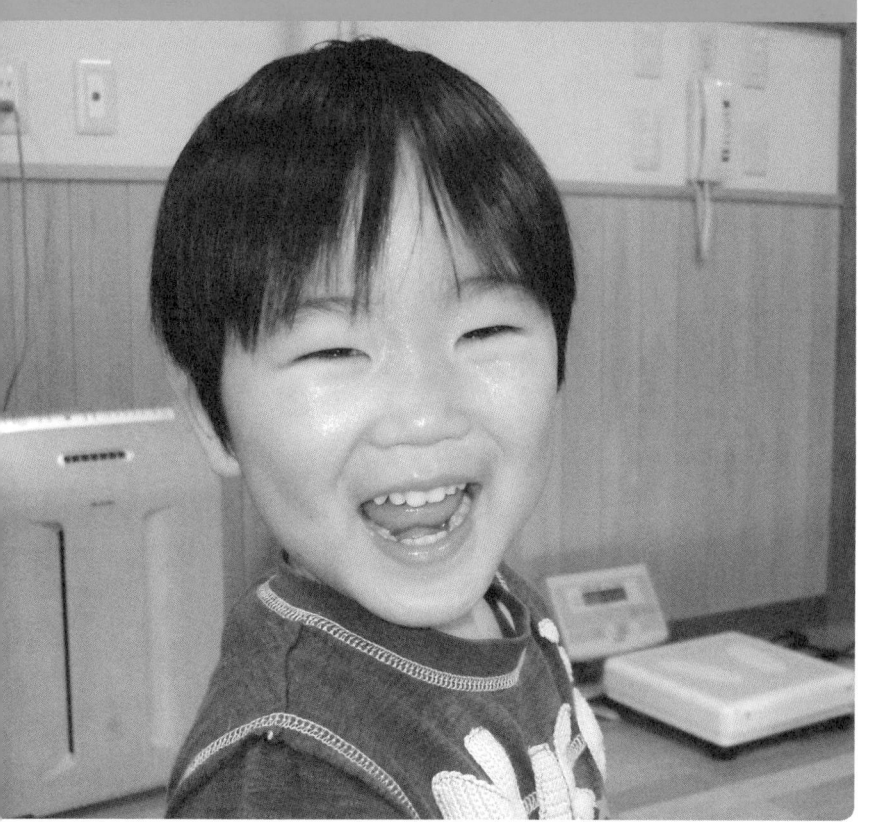

子どもの気持ちを通訳すれば

子どもの思い

午睡前の穏やかな空気が漂う2歳児室。寝る準備が整った2歳児3人が、のんびりとおしゃべりをしていたので耳を傾けていると……。

ようた「ぼくのママね、いつもおこるんだ〜」

たくや「へえ……。たくちゃんはね、おうちでいつもおこってるんだよ」

みな「そうか……。みなちゃんはね、いつもママをおこらせてるんだ〜」

とても意味の深い、しかも的を射た3人のすごい会話にびっくりしながらも、思わずふきだしてしまいました。

たしかに、ようた君の母親はその朝、私に「このごろ、いくら注意しても弟をいじめるので、昨日すごく怒りました」と話していました。ようた君は、そのことをよほど印象強く心に残していて、ホッとした時間に思いだして話したくなったのでしょう。

一方、たくや君は「おうちでいつもおこってる」と、ようた君とは異なったニュアンスでいったのですが、これも正解なのです。常々、たくや君の母親が、「私が自分の都合で、あれこれいったりしたりすると、しっかりと跳ね返して怒るので、ごまかしがききません。一度怒らせると、なかなか収まらなくて……」と、よくいっています。たくや君は、自分が母親に対して怒っていることを自覚しているということですね。

そして、さらにすごいのが、みなちゃんの「ママをおこらせている」という表現です。これも、まさしくそのような状況なのです。母親が、「お姉ちゃんはあまりいたずらはしなかったのに、みなは、してはいけないことはわかっているのに、こっそりいたずらしていて、叱られてもケロッとしていて困る……」と嘆いていましたから、間違いなく「ママをおこらせている」のです。

2歳児で、こんなに自分の行為を俯瞰《ふかん》できる力があり、しかも、それをこんなふうに正確なニュアンスの言葉で表現できることに驚かされました。

親の思い

一方、親の思いはというと、ようた君は第1子なので、母親はいつも子育てに悩んでいました。保育者から見ると、年齢相応の表現だったり行動だったりするのですが、細かいことがいろいろと気になる様子です。

そこで、「わざとお母さんを困らせようとしたのではなく、自分で試してみたかったのでは？」と、ようた君の気持ちを代弁したり、「ほめてあげたい好奇心ですね」と肯定的に、ようた君の行為の意味づけを心がけてきました。そのたびに、「なるほど……、先生ってすご～い！」と素直に納得してくれるので、信頼されている手応えはあります。

しかし、本質的な子どもの理解にはつながりにくく、子どもの行為一つひとつの読み取り方や具体的なかかわり方をたずねてくるようになり、悩みどころでした。そして、頭で一生懸命理解しようと理性を働かせてがんばっているので、母親は疲れてくると「こんなにがんばって我慢しているのに！」と、ときどき大爆発をしてしまうのです。

子育ての助言は、〝我慢〟を保護者に伝えるよりも、〝発想の転換〟の伝え方を工夫したほうが効き目が長続きしそうです。

あるとき、ようた君の様子が朝から変で、あちこちで珍しくトラブルを起こしては大泣きしていました。夕方、お母さんに「昨日、おうちで何かありましたか？」とたずねてみると、すぐに「あっ！　やっぱり変でしたか⁉」と心当たりがありました。「あんまりいうことを聞かないので、腹を立ててトイレに閉じこもったんです」という母親の言葉に状況が読み込めず、確認し直すと、「私がトイレに閉じこもって出てこなかったのです。ようたは『出てきてよ～』と泣きながらドアを叩いていました。そして、しばらくしてから『ママ、ごめんなさい』っていったので出ていきました……。私、ときどきこんなふうにトイレに閉じこもって怒るんですけど、やっぱりだめだったでしょうか……？」と。

「一方的に怒鳴ったり叩いたりするよりは、お母さんの気持ちが収まる方法としてはいいと思うのです。ただ、ようた君にとっては、お母さんのいうことを聞かないと、悲しい目にあわせるという意味で伝わってしまいますね」と答えると、「なるほど、それはまずいですね。これからはやめます」と即、自分の行為を反省していました。

ひとり目の子育てへの助言がモンスター化を防ぐ

このように、親の心の揺れがダイレクトに伝わりやすいところが、第1子の気の毒なところです。保育者の立場で正直に申せば、クラス運営で第1子が多い年はなかなかまとまりにくかったり、トラブルに発展しやすいので大変です。

たくや君とみなちゃんは第2子なので、親子ともどもやり取りに余裕があります。子ども同士のトラブルがあっても、このふたりは、泣いている子のためにティッシュを持ってきてくれたり、同じおもちゃを探してきてくれたりと、なかなかいい味を出して、困っている友達にかかわってくれています。でも、このふたりの両親も上の子のときにはいろいろな困ったエピソードがあり、子育ての悩みにもずいぶん相談に乗りました。

第1子の育て方は、天下の徳川家康でさえも「長男は育て方を失敗した」と書き残しているようですから、誰でもいつの時代でも、初めての子育ては難しいことなのでしょう。ふたり目以降になると、同じ親とは思えないほどのリラックスした子育てができているのも、いつの時代も同じです。

このようなことから考えると、モンスターペアレントになってしまう親は、ひとり目の子育てのときに、その核ができてしまうのではないかと思うのです。つまり、子育てに対する自信のなさの裏返しであり、親としての不十分さという弱いところをつかれる前に攻撃する側に回って、自尊心を守ろうとしてしまうことで、不信感の核のようなものができてしまうのではないかと思うのです。

親子それぞれの思いの通訳を

それを防ぐポイントが、0・1・2歳のときの保育にありそうです。

言葉が話せない時期のわが子を「宇宙人みたいで、さっぱりわからない」といったりします。一方、保育者のほうも、その言葉をそのまま受け取って「今どきの母親は……」「子どもがかわいそうに……」となってしまうと、双方の思いに大きなズレが生じ、本当の思いとつながらなくなっていきます。「宇宙人みたい」という言葉のなかに、〝誰か通訳してほしい〟という思いが含まれていることを察することができると、保育者としての役割が具体的に見えてきます。

石田徹也という画家の『コンビニエンスストアの母子像』という、ちょっとドキリとする作品があります。買い物かごのなかに、無表情の少年が仰向けに窮屈そうに入っていて、母親は、バーコードリーダーをその少年の胸に当てているのです。

石田氏がどのような意図で描いたものか、本当の意味は私にはわかりませんが、親が知りたい子どもの思い、子どもの値打ち、一方、子どもの側は、親に対してバーコードなんかつけなくても自分の思いに気づいてほしいと願う……。そんな切ない思いを私は感じました。

保育者は、その専門性をもって親子それぞれの思いの通訳的な役割を果たすことができる、そして「リラックスした子育てを自分の感性で楽しめる」、そんな親支援もできると思います。

自分と異なる考えや友達の個性を受けとめる

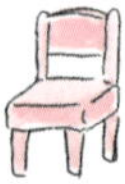

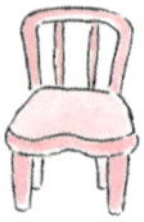

自分の思いを表現する力

ある日の夕方、出張のために駅に向かう途中で私は卒園児の花恵ちゃん（5歳）のお母さんに出会い、「花恵ちゃん、変わりありませんか？」「はい！　花恵は相変わらずです」「それは何よりです」「これから保育園にお迎えです。さようなら」と短いやり取りをして別れました。その夜、花恵ちゃんのお母さんから次のようなメールが届きました（花恵ちゃんは感情表現が豊かで、在園中も愉快なエピソードがたくさんあり、ときどきすごい名言も飛びだしていたので、お母さんに「卒園後もおもしろいエピソードがあったら聞かせてくださいね」とお願いしてありました。そして、これまでもときどき心温まるエピソードを聞かせてもらっていました）。

花恵は相変わらずでとっても元気です。あの後、お迎えに行ったら、同じクラスの男の子のほっぺにチューをしようとして「やめてよ！」といわれていました。でも、本人は「だって大好きなんだもーん」とまったくめげずに迫っていました……。

ところで、美友ちゃんのお母さんから聞いた美友ちゃん（5歳・ナースリールームの卒園児）と花恵との話がおもしろかったので聞いてください。

美友ちゃんのことが大好きな花恵は想いが強すぎて、ときどき美友ちゃんとぶつかります。私も「花恵はしつこいところがあるので、美友ちゃん大変じゃないかな……」と心配していたので、美友ちゃんのお母さんにうかがったところ、やはり美友ちゃんも花恵にお疲れな時期があったようです。でもこの前、美友ちゃんが「他のお友達は日によって美友のことが好きだったり嫌いだったりするけど、花恵ちゃんはいつも美友のことが大好きだからいいよね」というようなことをいってくれたそうなんです！

美友ちゃんすごい！　と感動。そして、「花恵ちゃんは美友のことがやめられないみたい」というかわいいセリフに笑ってしまいました。

ふたりならではのすてきな関係が育っていて、とてもうれしく思いました。

友達の個性を許容し、憧れる関係に

1歳のときにナースリールームに来た花恵ちゃんと0歳のころから入室していた美

友ちゃんでしたが、ナースリールームで過ごしていたときのふたりの様子から考えると、納得のいくエピソードでした。それにしてもふたりの自分の思いを表現するすばらしい力にしみじみとした感動があり、すぐに感想を返信したところ、次のような返事がありました。

お返事ありがとうございます。友達の受け入れ方、その想いをユニークな言葉で伝えられる美友ちゃんは本当にすごいなあと感動しました。
テンションが上がると自分を抑えられずやりすぎてしまうところがある花恵は、たまに自分でも「なんでやりすぎちゃうんだろう……」と思うようで、「美友ちゃんみたいにすてきになりたいの」とつぶやくことがありました。近くに憧れる大好きなお友達がいて、本当に感謝です。

思わず、うなってしまうほどのすごさです。自分と異なる考え方や友達の個性を受けとめ、許容し、ときには憧れることがこの年齢でできるのです。
花恵ちゃんと美友ちゃんはナースリールームを卒園後、同じ保育園に通っています。ナースリールーム時代は、いろいろなことを感覚的に受けとめ、喜怒哀楽がはっきりしていた花恵ちゃんと、おばあちゃんと同居し、大人の会話をよくまねてどちらかというと大人っぽい美友ちゃんという対照的なふたりだったので、特別に仲よしということはなく、自然なかかわりがあった程度でした。卒園後、一緒に過ごしてきた仲間は別の幼稚園や保育園に行き、同じ園に行くことになったふたりは新しい環境になじむにあたり、お互いに支え合うようにして心細さを乗り越えたようでした。そのふたりのタイプがとてもよく表れているこのエピソードに納得しつつも、ふたりの自分自身と友達の内面を見る力としなやかな心に脱帽です。

他者を受けとめる力が育つとき

このような心は、どのようなときに育つのでしょうか。手前味噌で批判を覚悟で申せば、ナースリールームの子どもたちには、友達との関係性がいつもよく育っていると思っています。以前にも、似たようなセリフをいった子どもがいました。

毎年、節分のとき、隣にある附属幼稚園にこわい大人の鬼がやってきます。ナースリールームでは、2歳児だけに「ナースリーを守るために、幼稚園に来る鬼をやっつけられる人はお願いします」と声をかけるのですが、その年は、4月生まれの体格も立派な健君と、マイペースで小柄でいつもふわ〜っとした雰囲気で遊んでいる裕樹君が「行く！」と立候補しました。

ふたりは正反対のタイプで、きっと体格の立派な健君がたくましく鬼に向かっていくものと誰もが信じて疑いませんでした。ところが、いざとなったら健君はブルブル震えて動けなくなり、そばにあった乳母車の陰に隠れて縮こまってしまいました。

一方、裕樹君はまっすぐに鬼に向かっていき、「オニはそと！」とひと言叫んで豆を投げつけ、戻ってきました。人は見かけによらないものと、改めて状況を読み違えた自分を恥ずかしく思いました。

逃げだした健君はというと、保育室に走って戻り、小さく丸まって布団を頭からかぶり、「裕樹君みたいになりたい、裕樹君みたいになりたい」と何度も何度もつぶやいていました。

散歩に出かけても、虫や珍しい木の実を見つけるのはいつも冷静な裕樹君で、健君は「どこ？　どれ？」と教えてもらう側でした。反面、健君は表現力が豊かで、おもしろい発想でこだわりのあるユニークな作品をよく作っていました。

お互いの親は「健君は元気で活発でいいですね、その点うちの子は……」「裕樹君は穏やかで、トラブルを起こさなくて心配がないからいいですね」など、ないものねだりの会話をしがちです。そのようななかで保育者が常に心がけてきたことは、子ども一人ひとりのよさを比べることなく尊重して認め、おもしろがる丁寧な心を添えて意味づけや解説をしてきたことです。

その保育者の姿勢を日常生活のなかで感じ取っている子どもたちが、ごく自然に他者を見る目に反映していくのだと思っています。

多様性を認め合える関係づくり

最近の日本の子育ては、一度反省されて下火になったはずの早期教育がまた復活し、これまで以上に人と比べて「できる」「できない」の結果主義、成果主義が勢いを増してきていると感じ、危機感をもっています。

他者と同じでないといけないと幼いころからいわれて育ってきた保護者世代が、〝人はみんな違っているから、生かしどころがあっていい〟ということを子どもの保育園生活から学び直し、わが子の個性を大切に育てる肯定的な視点がもてるようになるような応援がしたいものだと常々思っています。

保育園に咲く色とりどりの子どもたちの個性を、保育者が具体的なエピソードを通して保護者に解説したり意味づけたりする積み重ねのなかで、他の子の長所に気づいて興味や関心が広がると、互いが必要な存在だと自然に受けとめることができるようになり、おかげさま、お互いさまという温かな絆《きずな》ができあがっていくのでしょう。

子どもの「病気を治す力」

「ナースリーパワーで食べると思います」

麗菜ちゃん（2歳1か月）は、ひどい手足口病にかかって3日間休んでいました。そして4日目の朝、お母さんからナースリールームに電話が入りました。

「口内炎が10個近くできてしまい、3日間ほとんど何も食べていないんです。いろいろ工夫してみたり、しみない食べ物を選んでみたりしたのですが、最初に痛い思いをしたことがトラウマになってしまったのか、こわがって食べようとしないんです。それで……ご相談なのですが、ナースリーに連れていってもいいでしょうか？」とのこと。

おやおや、ひどい感染症にかかっているというのに、しかも、3日も食事がとれていないのに……？　と、無謀な要求だと内心気になりつつも、困った親と決めつけずに冷静に思いを聞いてみようと心がけて、「それはどういう意味ですか？」と、慎重に言葉を選びながらたずね返しました。すると、

「麗菜が以前、中耳炎になって家では薬を絶対に飲まなかったときに、『連絡票』*を書いてナースリーでの与薬をお願いしたら飲んでくれたことがありました。だから、きっと今回も口内炎があってもごはんを食べると思うんです……。だめでしょうか？」

たしかに、麗菜ちゃんがどうしても家では薬を飲まなくてお母さんが困っていたときに、ナースリールームでは飲みました。

家では、麗菜ちゃんの大好きなヨーグルトやジュースに薬を混ぜたりしてだまして飲ませようとしたために、その猜疑心《さいぎしん》からまったく飲まなくなってしまったようでした。ナースリーでは、保育者が麗菜ちゃんに「耳が痛くなって大変だったね。このお薬は耳が痛くならなくなるためにとっても大事なお薬なんだけど、がんばって飲めるかな？」と、きちんと説明をしたのです。すると、小さくうなずき、「ガンバレ、ガンバレ麗菜ちゃん！」とみんなに応援されるなか、一気に飲み干して、それ以来、薬を抵抗なく飲めるようになったのでした。

しかしながら、今回はひどい手足口病にかかっている状態で連れてきたいという麗菜ちゃんのお母さんの願いにどのように応えればよいか……。短時間に判断を迫られま

＊薬の種類・名前、飲ませる方法などを保護者が記入したもの

した。規則という観念を横に置き、とにかく誠実にお母さんの思いを確認することにしました。

「お母さんは、麗菜ちゃんが3日も何も食べてないことを心配して、なんとか食べさせたいと思っているということですね？

そして、ナースリーで食事をしたら食べる気になれるのではないかという可能性に期待しているということですね？」

「はい」と、遠慮がちに返事をするお母さんに、麗菜ちゃんの状態と他のお子さんへの配慮から保育室に入ってもらうことはできないが、別室で食事だけを食べに来るということなら、なんとかできるかもしれないとお答えしました。

「きっと、ナースリーで食べると思います！　ありがとうございます！」と、確信をもったお母さんの明るい声が返ってきました。

「ナースリーレストラン」の効果!?

このとき私は、麗菜ちゃんが食べるか否かの結果以前に、お母さんからのこの絶大なる信頼と、わが子の病気を心配して追い詰められている気持ちになっている親心を少しでも軽減できる手伝いをすることが重要と判断しました。

麗菜ちゃんとお母さんは、約束どおり昼食の時間ごろに職員室横の相談室に直接やってきました。

「ようこそ、ナースリーレストランへ。お客様は、こちらにおすわりになって少々お待ちください」と、やや緊張気味のふたりに私が冗談めいた口調で声をかけると、表情が緩みました。そして、給食が運ばれてくると、そのテーブルの前に自分からすわった麗菜ちゃんです。

口内炎が10個もできているのですから、場所が変わったところで食べられないのは当然と思っていました。でも、そのことには触れずに、ごく自然にすすめると、パクパクと自分から食べ始めて、とうとうほぼ全量食べてしまいました。3日もほとんど何も食べてなかったのですから空腹だったことは間違いありません。

食事が終わってから「よかったね、お口が痛かったのに全部食べられちゃったねえ。先生に、麗菜ちゃんのお口のなかがどうなってるか見せてくれる？」とお願いしてみると、大きく開けて見せてくれた口のなかにはたしかに、痛々しくたくさんの口内炎がありました。

「こんなにごはんが食べられるようになったから、もうすぐよくなるね！」というと、コックリうなずく麗菜ちゃんの横で、「やっぱりすごい！　ナースリー効果‼　本当にありがとうございました」とお母さんが涙ぐみながら、お礼をいってくださいました。

信頼の積立貯金

このとき、お母さんが口にした「ナースリー効果」とは、どのような意味でしょうか。

幼い子どもに触れたこともなく親になった人たちの初めての子育ては、緊張感でいっぱいです。〝大丈夫だろうか〟〝これでいいのだろうか〟〝間違えていないだろうか〟という不安いっぱいで子どもに接するために、その緊張が子どもに伝わってしまう、または見透かされてしまうのです。そのうえ、子どものもつ力を信頼できるほどの知識もないので、悪意なくだましたり、ごまかしたりしてかかわってしまうことで、さらに子どもの不信感を招いてしまうのです。

一方、保育者は子どもに対してひとりの人間として尊厳をもってかかわる専門家ですから、たとえ0歳児であっても、かかわるときには「お顔が汚れているので拭いてもいいですか？」と打診をしてから拭いたり、以前、麗菜ちゃんに与薬したときのように、きちんと理由を説明してからその行為を始めるので、「強引にしないんだ」とか「自分の思いは尊重されるんだ」という安心があり、子どもたちからは信頼されます。おそらく、その信頼の積立貯金が、いざ何かが起こったときに〝心地よい体験のできる場所〟というポジティブなとらえ方を誘うことになり、それが麗菜ちゃんのお母さんがおっしゃった「ナースリー効果」という意味だと思います。

以前、私の知人が小児病棟の看護師から保育士に転職をしました。その理由をたずねると、「子どもの病気は、保育士になったほうが治す力を応援できるような気がして……」とのこと。忙しさのなかで、事務的な与え方にならざるをえない薬や注射よりも、子どもの心もちへの共感のほうが治癒力に大きな影響を与えるのではないかと、彼女は感じて転職したのです。

一見、常識のない要求をしてくる親と思われがちなこの出来事から、保育者の専門性や保育園の果たす役割を、別の角度から発見できたように思います。

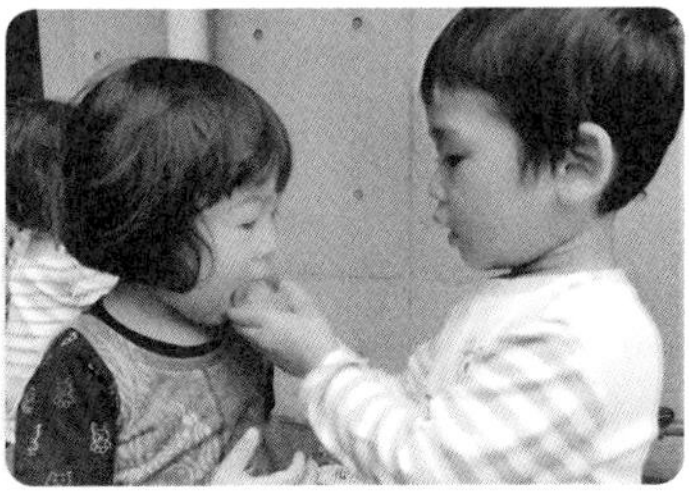

個性的な子どもの気づき・発見

個性的な子どもの気づきや発見への対応

食事をひとり最後までのんびり食べていたかつと君（3歳）がテーブルから離れていきました。

「あれあれ？　お茶碗をお食事の先生のところに下げたほうがいいんじゃない？」と声をかけると、「先生、やっといて」という思いがけない返事がありました。そこで、「でも、お食事の先生は、かつと君がおいしかったよってお話しして届けたほうがうれしいと思うよ」というと、「でもいっぱいあるから、僕できないもん」とのこと。

「あのね、お盆にどう並べたら全部入るかな？　って考えてのせるとおもしろいよ。うまくのったら、きっと上手に運べると思うけど」と話すと、なるほどと思ってくれたのか、戻ってきてお盆に食器をのせたり入れ替えたりして考え始めました。パズルが好きなかつと君の知的な好奇心を刺激することに成功したようでした。

そしてしばらくあれこれ工夫して、とうとう自分の食器5種類をお盆に見事にのせて、すぐ近くの調理室のカウンターまで運んでいきました。

かつと君は、生活のいろいろな場面でこだわりが強く、「親が全部やってしまおうとすると怒って手がつけられなくなるし、待っていてもなかなか動かないので……」と、母親も日常生活のなかで困っている様子がよく見受けられました。

夕方お迎えに来た母親に、「かつと君は、考えたり工夫したりすることを刺激すると、その気になりますね」と食事のときのことを話してみると、「なるほど、そうかも……」と納得していました。

また別の日には、朝、母親の後追いをして泣くので、玄関先まで保育者と一緒に見送ることにすると、あっさりと「バイバイ！」と手を振るので、お母さんは出かけていきました。担任は拍子抜けしながらも「あら？　もういいの？」とたずねたら、「まだ！」とのこと。かつと君の目は、たしかにお母さんが出ていった先を見つめたままです。

余韻を楽しんでいるのかなと思いつつ担任も一緒に待つことにすると、少ししてかつと君が「あのね、ママをずっと見てると、これくらいになるんだよ！」と、親指と

人差し指で「コ」の字をつくってその小ささを示しながらいったのです。

かつと君は人が遠くへ行くと小さくなるということに気づいて、おもしろくて様子を見続けていたかったのでした。本当に驚きました。母親の後追いをして泣く子どもたちのなかに、このようなことに気づいておもしろがっている子がいるのです。子どもの思いは、表現してもらわないとわからないことが多いものですね。

このことも、夕方お迎えに来た母親に伝えました。「遠近法に気づいていたということでしょうか、すごいですね。天才かも!?」と話すと、「そういうことだったのか……」とうれしそうでした。

朝の泣きを困ったことととらえていた母親が、次の日から「ママが小さくなるのが見たい!」と訴えるかつと君を、にんまりしながら受けとめ、何度も振り返りながら手を振って出かけるようになりました。そして、かつと君がこだわって動かなくなるときは必ず「どうしたかったの?」と、とりあえず本人の思いに耳を傾けて、可能なことはできるだけ受けとめるように努力している姿が見られるようになりました。

親がひと手間かけたくなる子育ての支援

以前、あるテレビ番組でアメリカの行動経済学者の講義を放映していました。おもしろい話で引き込まれました。そのなかで、「卵理論」という話が大変興味深くて、思わずメモを取りました。その理論は、ケーキを簡単に作るためのケーキミックスの粉を作ったが売れなかった。しかし、そのなかから卵と牛乳の成分を除き、購買者に自分で材料を入れさせる部分を作ったら売れた。つまり、人は何かに労力を注げば、それを愛して大切にするという理論のようです。また別の実験では、折り紙でツルを折ってもらい、失敗してツルの形にならなかった作品に値段をつけてもらうと、他者は0円だったが、折った本人は高い値段をつけて買い取った。このことは、人は労力を注げば注ぐほど、それを高く評価するものだということです。

これらのことから、子育てで芽ばえる愛情は、本当は自分への愛情なのだが、人はそれを自覚していないとも述べていました。この話は、保育者の立場でおもしろい気づきができました。子育てを楽しむことのできない保護者への支援は、単に負担感をなくすために誰かが全部請け負うことよりも、親が自分なりの感性で手間暇をかけたくなる支援のほうが、親として自然な子どもへの愛情が育つといえます。

「むずかしいことをやさしく、やさしいことをふかく……」

しかし、実体験が少ないまま大人になってしまった親世代が、情報に振り回され、周囲の評価の目を気にしつつ行っている子育ては、卵理論では牛乳や卵をどれくらい、どのタイミングで入れたらよいのか迷ってしまうので負担感となってしまい、支援の仕方が難しいのです。

前記したエピソードのように、ものの見方、感じ方には子ども一人ひとりに特性がありますが、親の立場では他の子どもと比べてみること以外に方法がないので、「どうしてうちの子は……」とわが子を批判的に見てしまい、客観的に見極めることがなかなかできないものです。そこで、子ども一人ひとりを肯定的にとらえて、発達過程を見通してかかわることを心がけている保育者の出番です。保育のなかでかかわりや意味づけをさりげなく伝える、あるいは、具体的なやり取りを見てもらえる機会をつくっていくことが、牛乳の量や卵を入れるタイミングを伝えることにつながっていくことになります。

ある禅僧が書いた本のなかに、井上ひさし氏の次のような言葉を引用していました。

「むずかしいことをやさしく、やさしいことをふかく、ふかいことをおもしろく、おもしろいことをまじめに、まじめなことをゆかいに、そして、ゆかいなことはあくまでゆかいに」

この井上氏の言葉が何に向けて書かれたのかわかりませんが、保育者が保護者支援をするためのポイントとして活用できるように思います。

科学的根拠をもった子どもの成長発達の見通しをやさしく具体的に伝え（むずかしいことをやさしく）、何気ない子どもの行為を見逃さないようにする（やさしいことをふかく）、そうすると子育ては楽しくなる（ふかいことをおもしろく）、このように子どもの育ちをおもしろがると免疫力が上がって、みんな健康になる（おもしろいことをまじめに）、だから、子育てはがんばりすぎず、みんなでおもしろがって育ち合いましょう（まじめなことをゆかいに）……という具合になります。

忘れられないエピソード

「おはよう、いわない！」

風邪を引いて休んでいた更紗ちゃん（1歳11か月）が、久しぶりに登園してきた朝のことです。

玄関先に立っていた更紗ちゃんの照れたような笑顔に、ここに来れてよかった……という気持ちがあふれていました。そして、迎えに出た私より先に「おあよ〜！（おはよう）」と大きな声でいい、「おはよう〜！　元気になってよかったねぇ、会いたかったよ」という私の言葉は耳に入っていないかのように、保育室に一直線で入っていきました。

保育室には、2歳児クラスの真美ちゃん（2歳8か月）が保育者とふたりで絵本を見ていました。そのふたりのそばへまっすぐ行った更紗ちゃんが、「おあよ〜！」と玄関先でいったときよりもさらに元気に大きな声でいいました。よほどお友達に会いたかったのでしょう……と微笑ましく見ていた状況が、真美ちゃんのひと言で一変しました。「おはよう、いわない！」とクールな声で更紗ちゃんの「おはよう」を拒んだのです。そばにいた、真美ちゃんの担任も更紗ちゃんのお母さんも、先に登園していた他の子のお母さんやおじいちゃんもみんな不思議な雰囲気になり、どういうことかと真美ちゃんと更紗ちゃんに視線が集まりました。

更紗ちゃんは、真美ちゃんの言葉が何を意味するのかわからなったのでしょう。もう一度、最初と同じテンションで「おあよ～」といったのです。すると、真美ちゃんがさっきよりはっきりとした強い口調で「おはよう、いわない！」といったので、さすがに更紗ちゃんも今度は何かを感じたようで、立ったまま下を向いて動かなくなりました。周囲にいた大人たちにも、何ともいえない緊張が走りました。更紗ちゃんの担任が「真美ちゃん、それは、更紗ちゃんが悲しくなっちゃうよ、見て？　更紗ちゃんが固まって動けなくなっちゃったね。悲しかったんだと思うよ」といいました。

すると、真美ちゃんが絵本を読んでいたところから立ち上がり、部屋をゆっくり歩き始め、少し離れたテーブルの上に置いてあった花が挿してある小さな花瓶を手にしました。その場にいた大人たちが、無言で真美ちゃんの行為を見つめていました。

真美ちゃんは少し笑顔にも見える余裕のある表情で、手にした花瓶を、下を向いて動かなくなった更紗ちゃんの前に差しだしました。更紗ちゃんは、ピクリとも動かず下を向いたままです。

すると、その様子をずっと見ていた哲平君（2歳4か月）が「じいちゃん！　抱っこ！

抱っこ！」とおじいちゃんに手を伸ばし、「あっち！　あっち！」「ええっ？　あっちに行くの？」とおじいちゃんは哲平君を抱いて、リクエストどおりにその場を離れ、保育室の奥の窓際のほうに歩いていきました。

思いがけない1歳児の胸の内

更紗ちゃんが自分の差しだした花瓶に反応してくれないので、真美ちゃんは、更紗ちゃんの手元まで花瓶を差しだしました。すると、更紗ちゃんは花瓶に目を向けずに、下を向いたまま差しだされた花瓶を片手で静かに押し返したのです。

周囲の大人たちは、思いがけない更紗ちゃんの行為にさらに緊張しました。近くで見ていた1歳児クラスのひとりのお母さんは、ぽろぽろ涙を流していました。更紗ちゃんの心情に共感してくれていたのでしょう。担任がその場の空気を和らげるように、「更紗ちゃんは、今はお花いらないんだって」と話すと、真美ちゃんはちょっと考えた様子で、今度は近くですわり込んで様子を見守っていた更紗ちゃんのお母さんの前に花瓶を差しだしたのです。更紗ちゃんのお母さんは笑顔で、「おばちゃんにくれるの？　ありがとう」と受け取ってくれました。

感情的にならずに、快く受け取ってくれたのでホッとしました。でも、思いがけないことがまた起こったのです。

それまでずっと下を向いたまま動かなかった更紗ちゃんが、おもむろにお母さんのほうを振り返り、そばにやってきて、お母さんが真美ちゃんから受け取った花瓶を取り、近くの棚の上に置いたのです。お母さんに受け取ってほしくなかったということでしょうか？

そこで初めて、お母さんが「ちょっと残念だったね」といいながら更紗ちゃんを膝にのせて抱きしめました。

すると、さっきおじいちゃんと窓際に行った哲平君が「じいちゃん、おんり！ おんり！」といっています。「なんだよ、今度は下りたいのか……」と床に下ろしてあげると、哲平君は更紗ちゃんとお母さんのところへ一直線に行き、両手をいっぱいに広げてふたりを抱きしめたのです。

驚きました。更紗ちゃんの感情表現、そして哲平君の他者への共感力。ふたりとも1歳児です。

エピソードの意味づけを、保護者が育つチャンスに

この出来事で心配だったのは、更紗ちゃんの母親をはじめ、近くで見守っていた保

護者の、真美ちゃんの行為のとらえ方でした。一件落着したところで、この出来事を見ていた保護者一人ひとりに感想を聞いてみました。

哲平君のおじいちゃんは「抱っこっていったかと思ったら、今度は下ろせっていって……まったく困ったもんだ」と、シャイなおじいちゃんらしい表現をされたので、「きっと、更紗ちゃんの固まっている様子を見ているのがつらかったので、遠くへ行きたかったのでしょうね。でも、更紗ちゃんがお母さんに抱かれたときに安心して、ふたりを抱きしめに来てくれたのですね。びっくりするようなやさしさの表現で、涙が出ました」と私が話すと、「なるほど。家では甘えん坊の赤ちゃんなんですけどねぇ」といいながらも、内心は感動されていたようでした。また、涙を流しながら見守っていた1歳児クラスのお母さんは、「なんだかわからないのですが、涙が止まらなくて……」と。

そこで私は、「一見、真美ちゃんが悪い子のように見られがちですが、真美ちゃんなりの理由がありましたね。静かに絵本を読んでいたところに、突然大きな声でさえぎられたことが嫌だったので、『おはよう』はいいたくなかったということですね。それにしても、まだ2歳前の更紗ちゃんにこれほどの自尊心があったことに驚きました。子どもの思いは、表現してもらえて初めて大人は気づくものですね。丁寧にかかわって、どんなときも自分の思いが自然に表現できるようにしてあげないといけませんね。そして、〝表面的な仲よし〟を急いで、その場を繕うために大人が仲裁をしてはいけないということですね」と解説しました。

このときの私の意図は、真美ちゃんが意地悪をしたというようなとらえ方が他の保護者に印象づかないようにということでした。更紗ちゃんのお母さんは、「どこで手を出すべきかわからなくて、先生方にお任せしました。あのような対応でよかったのでしょうか？　それにしても、うちの子があんな態度をとることにびっくりしました。小さいながらにいろいろなことを感じているのですね」と冷静にとらえられていたので、安心しました。

保育をしていると、忘れられない出来事がときどき起こります。そのほとんどが、子どものもつ力への感動と保護者の方々の人柄のすばらしさです。また、保育中の出来事を善悪で判断して、決めつけたり解決を急いだりせずに、子ども自身や保護者がどのようにとらえているかをまず確認することは、保護者理解のみならず、保育者自身の成長のために重要なことのように思います。

子どもがこわがること

さやかちゃんがこわがる理由《わけ》

この春、小学1年生になる卒園児のさやかちゃんが、ときどき妹のお迎えにお母さんと一緒に来ることがあります。いろいろなことをキラキラした瞳で話してくれるので、私たち保育者も、そんなさやかちゃんの成長ぶりがうれしくて、話を聞くことが楽しみになっていました。

でも、数日前の夕方のさやかちゃんの様子はいつもと違っていました。泣くのを我慢している表情で、「こわい……こわい……」といっては立ちすくんでいて、そのうち涙があふれだしました。「おや？　珍しいですね。どうしたの？」と、本人に聞いても泣くばかり。お母さんに理由をたずねてみると、「それが……、昼間あったことなのに、今ごろになってこわいといって泣きだして……。さっきは、今まで平気だったアリさえもこわいっていい始めて……。この子、どこかおかしいんでしょうか？」ということでした。

昼間に何があったのかをうかがってみると、公園で友達と遊んでいたときに、子犬をたくさん連れてきた人がいて、その子犬たちがさやかちゃんにじゃれついてきて、こわくなって走ったら、全部の子犬が追いかけてきたということでした。

「それはこわかったねえ」と私がいうと、少し落ち着いたようにさやかちゃんがうなずきました。

「でも、そのときは全然泣かなかったんですよ。今ごろになって急にこんなにこわがりだしたんです。変ですよね？」とお母さん。そして、「おそらく、お友達がいたときは、みんな笑って見ていたから泣けなかったんだと思いますが」と続けました。そういうことか、と納得できました。

わかってほしかった

私が2歳のころだったか、庭で遊びながらおにぎりを食べていたら、放し飼いの二ワトリに追いかけられて、こわくてパニックになっているのに、母たちがゲラゲラ笑っていたことが悲しかったことを今でもはっきりと覚えています。大人はときどき、子どもの身に起こったことをおもしろがって笑ってしまうことがありますが、子ども自身は本気でこわいわけですから、そんなときに笑って助けてもらえないと傷ついたり、トラウマになってしまったりすることがあるので注意が必要です。

さやかちゃんも今回のことがきっかけで極端な犬嫌いになってしまうのは残念なので、「私も小さいころに、さやかちゃんとおんなじことがあったの。こわかったね」と話しかけると、「うん。だって、かかとのところを噛んだりしたの……」と。「それはびっくりしたね。でも犬は、さやかちゃんが楽しそうだったから、きっと遊んでくれてると思ってたんじゃないかなあ」「そうなの……。でもいっぱいいて、みんな追いかけてきたの……」「きゃ〜、それはびっくりしたねえ」「うん」と答えたさやかちゃんの表情には、笑顔が戻っていました。

似たようなことが、少し前にもありました。それは、私がエレベーターに乗っていたときのこと。

3階から、ひと組の親子が乗ってきました。お母さんが体の横に3歳くらいの男の子を抱えています。男の子は、手足をバタバタさせて「やだー！　やだー！」といっていました。暴れるので、お母さんは抱きかかえ直したときに、その子の顔が私の前にきました。

3階には「子育てひろば」があるので、そこで遊んでいて、おそらくなかなか帰りたがらないので、お母さんが強硬策に出たと推測できました。「ひろばが楽しかったのね。あそこはおもしろいおもちゃがたくさんあるからねえ」と、その子に話しかけてみました。

すると、急に暴れるのをやめてお母さんに抱かれ直し、お母さんの顔に自分の顔を近づけて静かな口調で、「楽しかったの。もっと遊びたかったの」といったので、それまで「まったく！　もう帰るの！」とプリプリだったお母さんも落ち着いて、「そうか……」といいながらエレベーターを降りていきました。

子どもの心もちと大人の心もち

〝子どもは、自分の心もちに気づいてくれる人が、ありがたい存在〟というようなことを、倉橋惣三が『育ての心（上）』（フレーベル館）で述べていますが、本当にそうですね。

大人は、少し前の自分自身であったはずの子ども時代をすっかり忘れてしまう人も多く、目先の出来栄えに心が奪われてしまい、そのときの子どもの心もちに気づけないことが多かったりします。そのうえ、ちゃんとしつけなければ……という思いが熱心なあまりに、子どもの気持ちがますます見えなくなってしまうものです。

先のエピソードのさやかちゃんが、犬に追いかけられた日以降、今まで平気だったアリをこわがったことも、原因は同じだと思いました。自分では理解できない出来事に、大人に本気で対応してもらえないことは、本当にこわいことなので、すべてのことがこわくなってきます。そのうえ、お母さんは、第1子のさやかちゃんが小学校へ行く緊張感でピリピリしていて余裕もなくしていたので、なおさらでした。

「もしかしたらお母さん、小学校に行くことに緊張がありますか？」と、本人がいないときに確認すると、「あります。そんなことで泣いたら、小学校に行けないでしょ……なんていい聞かせたりしていました。そういうことですか……」と、お母さんも落ち着いた表情になりました。

よく見ると、おもしろくなってくる

私は、さやかちゃんにもうひとつの配慮をしました。それは、犬やアリがこわいままの印象で残らないための配慮です。

「アリや犬がこわいって思ったときは、よく見てみるとおもしろくなるのよ。アリは、すごいことができるらしいって研究している大人がいっぱいいるの、知ってる？　それにね、動物は、人が話すことがわかったりするらしいの。だから、こわがると仲よくなれないから、おもしろいって思って、今度からよく見てみるといいかもね。じつは、私は犬とかタヌキとお話ししたことがあるの。おもしろかったよ」

私がそういい終えるころには、さやかちゃんの表情はもういつものキラキラになって、「どんなお話ししたの？　おもしろそう！」と。

こんなことを書くと怪しまれそうですが、本当です。簡単にお伝えすると、昔、工事現場で大人のストレス解消にいじめられて育った犬を、実家で引き取りました。するると、犬好きの人が近づいてくるとしっぽを振って油断させ、いきなり噛みつく犬になっていました。気持ちがゆがんでしまったのでしょう。保健所に送られそうだと父が心配していたときでした。

久しぶりに実家に帰った私が初めてその犬と対面すると、上目遣いで睨《にら》んだので、「あのね、そんな目で人を見ないほうがいいと思うよ。いろいろ嫌なことがあったかもしれないけど、ときどきは笑ってみたら？」と、まじめにいってみたのです。すると、首を垂れたように後ろを向いて歩きだし、私から少し離れたところに立ってまっすぐに私を見たのです。「やればできるじゃない！」とほめました。

本当は、私も幼いころに犬に噛まれたことがあって、犬は大好きとはいえませんが、仲よくなりたい存在ではあります。タヌキのことは、またどこかでチャンスがあれば書きます（笑）。

そんな話をしているうちに、さやかちゃんだけでなくお母さんの表情もキラキラしてきて、「おもしろそう〜！」と緩やかな表情になり、「先生、ありがとうございました」と深々と頭を下げられて帰りました。
翌日、さやかちゃんがいつものように、弾むように歩いて私の前に立つと、封筒を差しだしました。私へのお手紙のようです。そのなかには、次のようなことが書いてありました。

ようこせんせいへ
だいすき。
きのういもうとのおむかえのかえりみち
さくらのうんどうかいをみたよ。
いっぱいのさくらが
たてになってあるいているみたいで
おもしろかったよ。
さやかより
LOVE♥♥

すてきな、感性豊かなラブレターでした。

Part 2

トラブルは気づきのチャンス

『北風と太陽』のお話のように

突然の噛みつき

1・2歳児が数人遊んでいた通路を私が通りすぎようとしたとき、背後で「あぐっ」という言葉が聞こえ、不自然だったので思わず振り返りました。すると、隼人君（3歳5か月）が、真央ちゃん（2歳）の腕をつかんでいて、自分の口元に近づけているところでした。止める間もなく隼人君は、真央ちゃんの腕を噛んでしまいました。

真央ちゃんは、突然のことと痛さもあって声をあげて泣きだしました。あわてて駆け寄り、真央ちゃんの痛みを抱きしめたあと、「どうしたの⁉　隼人君！　どうして、あぐっなの？」。隼人君は、黙ったまま下を向いています。

「真央ちゃんが、痛くて泣いてるよ？　どうして？」「真央ちゃんの手がおいしそうに見えたの？」とたずねると、黙ったまま首を横に振ります。「おなかがすいていたの？」。また首を振ります。「ならば、こんなことは、やめてね。真央ちゃんがびっくりしてるし、こんなに赤くなってるよ。お友達の手は、あぐってするものではないね。もうやらないでね!?」。隼人君は、小さな声で「うん」と返事をしました。

午睡前だったので、「そろそろお昼寝だから、お部屋に戻ってね」と促すと、無言のまま2歳児室のほうへ歩いていきました。

私は、0歳児室に戻りました。すると、隼人君がいつの間にか戻ってきていて、0歳児室の戸口に立ち、「容子先生、おやすみなさい……」と、今にも泣きそうな声でいったのです。「おやすみなさい」と答えながらも、なぜわざわざ戻ってきて、この言葉をいいに来たのかを考えました。

もしかしたら、私との関係を修復しておきたかったのかもしれないと気づき、「隼人君。先生は、隼人君が大好きよ。心配しなくて大丈夫。おやすみなさい。また、おもしろいことして遊ぼうね」といってみると、安心したのか大きくうなずいて、今度は本当に保育室に戻っていきました。隼人君のナイーブさに、思わず胸が熱くなりました。

2歳児の複雑な思い

その後の隼人君の様子が気になったので、2歳児の担任の先生に様子を見ていてもらうと、布団に入った隼人君は、毛布をかぶったなかで「お友達のお手てじゃなくて、もぐもぐはごはん。お友達のお手てじゃなくて……」と、唱え言葉のようにくり返していたという報告を受けて、その様子にも隼人君のナイーブな心が感じ取れました。とすれば、ますます「あぐっ」という言葉とセットの噛みつきの理由が解せません。

そこへ、2歳児担当の先生が隼人君の連絡帳を見せに来ました。そこには、「朝、ブロックで遊んでいるときに、弟の健人君（11か月）の手を噛んだので、母親は怒って隼人君の腕を取り、『あぐっ』といって噛み返した……」と書かれてあったのです。やっと、隼人君の行動が腑《ふ》に落ちました。

隼人君が弟の腕を噛んだのは、自分がせっかく作っていたものを壊されたという、きちんとした理由がありました。でも、母親が隼人君の腕を突然噛んだことについては、隼人君にとっては理由がわからなかったのでしょう。だから、同じようにやってみたくなったわけです。

母親の行為をまねただけなのに、私に叱られたわけですから、驚きもあったでしょうし、悲しかったとも思います。ただし、自分のした行為で、明らかに友達が痛そうに泣いているという事実で、よくないことをしてしまったという自覚はあったはずです。あのときの隼人君の悲しげな表情が、今さらながら切なく思いだされます。

ただ、弟が生まれてから、突然他児を突き飛ばしたり、おもちゃを取ってしまったりという行為が、隼人君に増えてきていたことを、母親が気にしていたこともあったので、母親の気持ちや行為が理解できないわけではありません。

子どもを信じ、保護者を信じ、自分を信じる

さて、これをお読みになっているみなさんならば、この日の夕方、お迎えに来る母親にどんな対応をされるでしょうか？　何も報告しない、あるいは、噛んだ行為を一応伝える……というような対応が一般的でしょうか。

私は、どうすべきか……夕方まで考えました。そして、自分自身が一番強く感じたことを言葉にしてみよう！　という結論に至り、お迎えの時間になりました。母親が、穏やかな笑顔で、０歳児室の弟のほうを先に迎えに来ました。

「お母さん、今日は隼人君のことで、私、とても感動したことがあるんです」

「へぇ～！　どんなことですか？」

と、表情が緩んで私の次の言葉を待つ母親にちょっと緊張しつつ、私は話し始めました。

「じつは午睡前に、隼人君が真央ちゃんの腕を、何の理由もないのに〝あぐっ〟といって噛んだんです。それで、私は隼人君を叱りました。それなのに、わざわざ私のとこ

ろに戻ってきて、『おやすみなさい』っていったんです。

隼人君は、私との関係を修復してからでないと、眠れなかったのかもしれないと思うと、その感受性の豊かさに感動して、涙が出ました」

すると、母親の目にみるみる涙が溢れ、「『あぐっ』は、私のまねです……。先生、ありがとうございます。もっと隼人のことを信じてあげなさいっておっしゃりたいんでしょ!?」という思いがけない言葉が返ってきました。驚きながらも「さすが、感受性の強い隼人君のお母さんですね！　すばらしいです」と、率直な感想を口にしました。

〝保育者が親に何かわからせようと思った時点で、その主旨はうまくは伝わらない〟というそれまでの保護者対応の苦い失敗の思い出が、私に学ばせてくれていました。とはいえ、母親が感じ取ったほどの意図を隠してあったわけでもなく、母親の感受性がそのことを導きだした答えにほかならず、すばらしい答えでした。

急がず、信頼して温かく包む思いで

その後、「先生、隼人のお迎えを先にしてきていいですか？」と、断りを入れたあと2歳児室にまっすぐ向かった母親が、隼人君に放った第一声は、「隼人！　よかったね、先生が、隼人のこと、すてきな子だっていってたよ。ママ、隼人のこと信じなくてごめんね」。そして、隼人君を力いっぱい抱きしめたのでした。隼人君が、いきなり叱られたら……とヒヤヒヤしつつ2歳児室をのぞいていましたが、めでたしめでたしということで、ほっと胸をなでおろしました。

一歩間違えると虐待につながってしまいそうな行動をとってしまった母親でしたが、その内面には、子どもの思いが理解できなくて苦しんでいながら、そのことを表現できず、認められず、自信ももてないもろさが隠れていたことに気づかされました。

私は、このような保護者と対するとき、いつも『北風と太陽』のお話を思い浮かべます。強引にわからせようとするとガードがかたくなり、ますますわかりにくくなって距離が縮まらない。でも、温かい心で自然に接していれば、自らガードを外して近づいてきてくれる。答えや成長を急いではいけない！　と、いいきかせるようにしています。

ぶつかっても修復し合える関係

派手なけんかをしたふたり……

自営業の卒園児の母親から、納品のことで電話がありました。「美穂ちゃん（5歳）は変わりないですか？」と近況をたずねると、「そういえば先日、香里ちゃん（5歳）とすごかったんです」とのこと。どうやら、3歳までナースリールームで一緒に過ごし、同じ保育園に行ったふたりが、香里ちゃんの家で遊んでいるときに派手なけんかをしたということでした。美穂ちゃんのお母さんの話の内容は、以下のようなものでした。

＊＊＊

美穂と香里ちゃんは粘土遊びをしていて、ふたりとも今、保育園で流行《はや》っているバラの花を作っていました。

しばらくは楽しそうにそれぞれのやり方で作っていたのですが、香里ちゃんが「香里みたいにするときれいにできるから、やってみて」といいました。香里ちゃんはバラの茎を、割り箸を使って作っていました。美穂は割り箸は使わず、自分流に作っていて、香里ちゃんの提案には気づかないかのように、自分のやり方を黙々と続けていました。香里ちゃんが何度も自分のやり方と同じにしてといい続けても、美穂は無視するかのように香里ちゃんのいうことを聞かずにいました。

それで、香里ちゃんがとうとう怒りだして「どうして美穂ちゃんは、香里のいうとおりにしてくれないの‼　もう美穂ちゃんなんか大嫌い！」と大声でいったので、美穂は泣きだしてしまったんです。

すると、香里ちゃんが「香里とおんなじにしてくれたら、許してあげる」というので、美穂は「やだ！　美穂はこういう作り方がしたいんだから、おんなじにしない！　もう香里ちゃんなんかキライ！　一緒になんか遊ばない！」と売り言葉に買い言葉。「香里だって、美穂ちゃんなんか大キライ！」といい返してふたりとも泣きだし、そのあとは離れたところで背中を向けて遊びだしたのです。

どうなることかと私たちは何もいわずに見ていたら、少しして香里ちゃんがゆっくり美穂に近づいてきて「それはどうやって作るの？」と美穂のやり方を聞いてきたのです。そして「美穂ちゃん、さっきはごめんね」「美穂もキライっていって、いいすぎちゃってごめんね」といったあと、「ふふふ……」「あははは！」と笑い合って、今度はくっつくように近づいて仲よく遊びだしたのです。

香里ちゃんのお母さんと「すごいねえ、このふたり。うらやましい関係ね」と、しみじみとした感動を覚えました。

親同士の共通理解と信頼関係が大事

ふたりの母親の感想どおり、自分の思いを思いきり出し合い、ぶつかっても修復し合える関係はすごいことです。このエピソードを知ったとき、「すごいですね」と私も同じ言葉で感想を漏らしましたが、美穂ちゃんと香里ちゃんに対して以上に、私にはふたりの母親の対応とその状況のとらえ方に対する感動のほうが大きかったと思います。「美穂ちゃんたちもすごいけど、それを何もいわずに見守ったお母さんたちはもっとすごいですね。普通は我慢できなくなって声をかけてしまうところです。保育者も難しいかもしれませんよ」と私が感想をいうと、「そのあたりはナースリー時代にたくさん勉強させてもらいましたから、香里ちゃんのお母さんとごく自然に笑って見ていられました」という答えが返ってきました。

一般的に、子ども同士のトラブルを何もいわずに見守るには、保護者同士の信頼関係や共通認識がなければ、なかなか難しいものです。相手の親への気遣いから、叱らなくてもよいところでわが子を叱ってその場を繕ったり、あるいは途中で言葉をはさんでさっさと解決しようとしてしまいがちです。それをしないですんだということは、確かな信頼関係が成立しているという証拠です。では、ふたりの母親は、いつ、どんなところでその信頼関係を築いたのでしょうか?

美穂ちゃんの母親が「ナースリーで勉強した」とおっしゃってくださった言葉は、正直なところ、私たち保育者が努力してきたことが確かな形で伝わった感があり、感慨深いものがありました。

個別の子育ての悩みへの丁寧な対応

0歳から入室していた美穂ちゃんは、赤ちゃんのころからマイペースで、自分の興味のあることを黙々と納得するまでやり続けるタイプの子どもでした。また、おばあちゃんとの同居で大人に囲まれた生活なので、身体を動かすことよりも、大人相手におしゃべりしているときに生き生きとしているような大人っぽさが、3歳のころからありました。例えば、みんながおやつを食べているのに、少し離れたところから腕を組んで立ったままなので「美穂ちゃんは、おやつ食べないの?」と声をかけたら、「私はいいの、子どもたちに先に食べさせてあげて」という言葉が返ってきて、笑ってしまったことが懐かしく思いだされます。

そんな美穂ちゃんですから、遊びのなかで他の子たちと同じことをしたがらないことが多くありましたし、自分の納得のいかないことが起こると激しく泣いて、なかなか気持ちが収まりませんでした。そのため、「みんなと同じことをやりたがらなくて、このままで大丈夫なのかと不安になります」と、母親から相談をよく受けました。そのたびに、「美穂ちゃんはいつも自分なりに考えながら自己主張ができているので、頼もしいです。人と同じことができることやトラブルを起こさないことが社会性ではありません。自分の思いを大事にできないと、他者の思いにも気づけないのですよ。ありのままを認めて尊重することから美穂ちゃんらしさが生かされて、のびのびと力が発揮できると、友達にも信頼される関係性が育っていくものですよ」といい続けてきました。

一方、香里ちゃんは、じっくりした遊びよりも感じることが主流の遊びを好むタイプで、喜怒哀楽がはっきりしていて、トラブルメーカーになっていることが多くありました。母親からは、「お友達に嫌われないでしょうか?」という相談をよく受けました。私たちは、「大丈夫です。子ども同士が自分の思いを表現したときに起こるトラブルは、他者にも思いや考えがあると知るチャンスなので、私たちが丁寧に相手の思いを言葉にして伝えていきますから、乱暴な人には育ちません。むしろ、トラブルが多い子ほど、体験を通して相手の思いを自分のなかに蓄積していきます。やさしく育ちますから、そのことを信じてもう少し待ってあげてください」と、在園中にいい続けてきたのでした。

保育者の保育観が親子の育ちに反映する

子ども同士のトラブルに対して保育者はどのようなことを見通し、対応しているでしょうか？

「ごめんね」「いいよ」で速やかに終わらせることや、「ごめんね」がいえたら許してもらえる、というようなパターンで対応していないでしょうか？

この方法では、子ども同士も相手の思いに気づくことができませんし、納得していない自分の思いは表現させてもらえないという抑圧感が残り、不満や無力感が育ってしまいます。さらには、ふたりの母親のようなまなざしで子どものトラブルを見守ることのできる保護者同士の信頼関係も育たないということになり、みんなで育ち損ねてしまいます。

やはり、ここでも保育者がもつ子ども観、保育観が子どもと子ども、親と子ども、親と親の育ち合いに大きく関係していることが見えてきました。

不思議な仲直り

事件勃発

信太君（3歳1か月）が保育室の出入り口付近で、ブロックで遊んでいました。そこに美樹ちゃん（2歳3か月）が空のダンボール箱を押しながらやってきて、信太君の後ろを通りすぎようとしました。出入り口への間口は十分あり、私は問題ないと判断したので、何も言葉はかけませんでした。

ところが、美樹ちゃんの押していたダンボール箱は信太君の身体にぶつかりました。信太君を避けずにまっすぐに進んだからです。信太君はいろいろなことがよくわかっているタイプなので、当然その場を少し避けるかと思ったのですが、わざと足を伸ばして箱を押しのけました。美樹ちゃんも、避ける空間があるにもかかわらず、意地になったかのように信太君の足に箱を押し続けています。信太君も手で押し返して、その場を動く気配なしです。とうとうふたりとも「ダメー！」「ぎゃ～っ」と、大きな声をあげ始めました。

「アレアレ？　美樹ちゃん、こっちに行くといいかもね」と私が提案しても、「やだ〜!」とダンボール箱をさらに信太君のほうに押しつけます。
「じゃあ、信太君が少し避けてあげるのはどうかな?」と提案すると、「ここがいいの!」と、信太君もダンボール箱をさらに押し返します。

正義の味方

どう見てもふたりとも不自然な行為だったので、ケガのないようにそばにいて、しばらく様子を見ることにしました。それぞれの担任には目配せして、このまま様子を見ましょうのサインを送ったので、保育者は誰もふたりに近づいてきません。10分経ってもダンボール箱を挟んで押し合いながら、お互いに譲る気配はなく、しだいにふたりとも泣き声まじりになってきました。周辺で遊んでいた子どもたちも、遊びをやめて心配そうに成り行きを見ていました。

すると、潤君(2歳10か月)が「ピーポーピーポー」といいながら、ふたりの間に入っていきました。何とかしようと思ったようですが、正義の味方のピーポーは、信太君の「あっち行って!」という強い力に押しのけられ、あえなく泣いて保育者のところに戻ってきました。

次に、健太君(2歳8か月)が「ウー カンカンカン」と消防車になって近づきましたが、やはり怒っているふたりに近づくことができずに戻っていきました。

「困ったねえ。どうしようか……」と私がいうたびにみんながうなずき、ふたりを心配そうに見ているのですが、何もできずにいました。すると今度は、直樹君（2歳7か月）が「みき～！　ダメー！」といいながら、美樹ちゃんの後ろから羽交い締めするかのように必死で止めに入ったのです。直樹君の必死さが手に伝わっているので美樹ちゃんの首が絞まりそうになり、私は危ないと思って直樹君を引き離しました。

引き離された直樹君は私の腕のなかでワーワー泣きながら手足をバタバタさせるので、抱かれているのが嫌なのかなと思って床に下ろしました。すると再びふたりのところへ走っていこうとするので、あわててまた抱き上げました。

直樹君はマイペースで穏やかな気質の子で、ふだんはほとんどトラブルはないので、本当に珍しい様子に驚きました。よほどふたりの状態が嫌だったのでしょう。しかも、「みき～！」といって止めに入ったということは、美樹ちゃんが間違えていると判断しているようなのです。

腕のなかで暴れる直樹君を抱きしめながら、「そうだね、あのふたりはおかしいね。直樹君はそのことが嫌だったのね」といい聞かせている私は、なぜだか涙があふれていました。たった2歳で、友達のトラブルに全力で止めに入る気持ちや感情のすばらしさ、崇高《すうこう》ささえ感じる直樹君の心もちへの感動だろうと思います。

事件の真相

ふたりがぶつかってから、20分近くが経過していました。押し合っているうちに最初の位置からずいぶんふたりが移動していたので、本気で押し合って譲らなかったということをうかがい知ることができます。これ以上様子を見ていても決着がつきそうにないので、それぞれの担任に、別々に抱きかかえてもらい、クールダウンしてもらうことにしました。信太君は抱っこで外に出て受けとめてもらい、美樹ちゃんは保育室の誰もいないところで担任と静かに気持ちを収めました。その様子を見た直樹君も落ち着いてきて、泣きやみました。「直ちゃん、心配してくれてありがとう」と手を離すと、うなずきながら遊びに戻っていきました。

その日の夕方、お迎えに来たそれぞれのお母さんに「今日、すごいことがあったのですが……」と話し始めると、「やっぱり……」とふたりとも何か心当たりがある反応だったので詳しく聞いてみると、ふたりの午前中の様子に納得がいきました。

信太君のお母さんの話では「昨日、いくらいってもきょうだいげんかをするので、頭にきて、もう知らない‼ って寝室に閉じこもったんです。ふたりとも、寝室のドアを叩きながら泣いてましたが、私はしばらく出ていきませんでした。きっと、そのモヤモヤを引きずったのだと思います。今朝も、私は不機嫌でしたから……」と。

そして美樹ちゃんのお母さんからは、「じつは、昨日の帰りにスーパーでお菓子を買いたいといって騒いで、家にあるから今日は買わないといっても聞かないので引きずって帰りました。家に帰っても私は腹が立っていたので、ひと言も口をきかずに夕食の準備をしました。寝る前までほとんど口をききませんでした。そうしたら、美樹のほうから、ママごめんね……といってきたので、ああ、悪いことしたなあ……と思ったのですが、こちらにも意地があって謝らなかったんです。だから、美樹がモヤモヤしていたのは私のせいです」と。

なんということでしょう。ふたりとも大人の思いに押し負けて、自分の思いをのみ込んだという同じような経験を前日にしていたのでした。

不思議な仲直り

子ども同士のトラブルを否定的に見る保育者が多いように感じますが、私は自分自身の思い、他者の思いに気づくことができるチャンスととらえることのほうが多いです。また、今回のふたりのように、家庭での出来事を引きずっていて起こるトラブルもあるのです。頭ごなしに叱られたり、仲裁に入られて「ごめんね」を強要されてスマートに終わる解決方法では、無意味な体験となってしまったことでしょう。人が生きていくうえで思いがぶつかるのは当然のことなので、幼いころに経験をしておくことは重要だと考えています。

ただ、保育園という場所は、同じ年齢、あるいは年齢の近い子どもたちが、大人の都合で1か所に集められて過ごしているという不自然な環境なので、昔の地域社会のなかで起こったけんかやトラブルとは質が異なります。保育園という場所では、そばにいる保育者がその場面をどのように解釈し、どのような経験の保障と意味づけるのかによって大きく展開が変わってきます。私は、このときはふたりの様子を〝発散〟ととらえたのだと思います。ですから、「ごめんなさい」をいわせるような必要性を感じなかったので、ふたりとも気分が落ち着けば、これにて一件落着！　ということです。

おもしろいことに信太君と美樹ちゃんは、この日の午睡のときにお互いの布団を近くにして寝たいといいだし、頭と頭をくっつけるようにしてニコニコと寝入りました。勝手な読み取りは避けます。きっと、何か響き合うものがあったに違いありません。

わが子らしい表現としておもしろがる

写真を見る親のまなざし

保育中のスナップ写真のアルバムを玄関近くのテーブルに置き、保護者に自由に見てもらえるようにしていたときのことです。2歳児クラスの母親が、わが子ではない1歳児が天を仰いで大きく口を開けて泣いている写真を見て、思わずつぶやいた言葉が「うわー、気持ちよさそう！」でした。写真の解説をしようと近くにいた私は、瞬間的に鳥肌が立つほど感動しました。

この母親は2児の母ですが、第1子のときからいつも子育てのことで悩み、子どもの行為を常にネガティブにとらえていたので、正直申せば、写真に対してどのような見方やとらえ方をするか、最も気になる保護者でもありました。ですから、表情やリアクションによっては保育者の意図や子どもの育ちの解説をしようと身構えていたところでした。

その母親は続けて、「いいなあ、こんなふうに泣けて」とゲラゲラ笑ったのです。「そうですよね。こんなことを申し上げたら失礼かもしれませんが……。それにしてもお母さん、泣き顔の写真を見てそんなふうに表現するなんて、子どもの見方がずいぶん成長しましたねえ」というと、「ああ、そういわれてみればそうですね。上の子のころはそんなふうに見れなかったですね。おかげさまで……です」という言葉が、笑顔とともに返ってきました。

次に、着替えを途中にしておどけているわが子の写真を見て、「あ〜っ、うちの子らしい〜。家でもなかなか洋服を着たがらなくて。皮膚が敏感なのか、洋服の素材によって嫌がったりするんです」といいながら笑ったのです。私は、「洋服を着たがらなくて困ったといわずに、〝素材によって嫌がる〟とお母さんに理解してもらえた子どもは幸せですね。すばらしい！」と、母親に拍手を送りました。

第1子のときは、「なぜうちの子だけ？　みんなちゃんとやっているのに……」と、必ず他児と比較した言葉が返ってきたり、保育者への要求も多く、「どう接したらいいでしょうか？」という質問も事細かにありました。子どもの行為の意味がわからないといっては、冷めた目であきれたようにわが子を見て接していることも多い方でした。

助言されたことは素直にやってみるのですが、いわれたとおりにしてみて子どもが反応してくれなかったり、別の問題が起こると、またそのことが質問になってきます。保育者も、他の保護者への対応や保育があるので、そうそう長々と質問にかかわることもできません。そこで、様子を見ながら主任の私ができるだけ助け舟を出して対応してきました。そのときから比べたら、写真の感想はとても同じ人とは思えないほどの言葉でした。

アルバムを見た他の父親の反応にも同じようなことがありました。ごはんを派手にこぼしながら食べている2歳のわが子の写真を見て、「まさしくうちの子だ！」と笑った父親は、1年前の入室当初は離乳食を手づかみで食べているわが子の様子に顔をしかめていた父親でした。

親の視点は意外なところに

このような子どもの行為の見方の変化は、どのようなことにきっかけがあるのか、日ごろの保育を振り返りながら考えてみました。

まずは、どの保育者も連絡帳に書き込む日々のエピソードに、保育者としての視点や意味づけを添えることを心がけてきました。そのためには、保育者一人ひとりの保育観や子ども観を確認し、共通理解をしておかなければならないので、園内研修でエピソード検討会を定期的に行いました。

「それはやさしさと意味づけてよいか？　自己主張をさせてもらえないともいえない

か？」とか、「その行為をやめさせることは大人の都合？　しつけ？」など、それぞれの視点をまじり合わせながら学び合ったことが、連絡帳を書くときの視点に役立っているように思います。

さらに保護者会の前に、保育中のエピソードやその子らしさが見える写真をスライドショーで映して、保育者がクラスごとに解説するようにしました。集合が遅れがちな保護者会が、写真の解説が聞きたくて時間が守られるようになり、一石二鳥となりました。また、朝夕の送迎時に起こったエピソードについては、その場でなるべく解説できるように心がけました。

例えば、こんな出来事がありました。

＊＊＊

朝、登園時におもちゃの取り合いが保護者の目の前で起こりました。保育者は、噛みつきやひっかきが起こらないようにふたりの手の動きに気をつけながら、様子を見守っていました。ふたりの母親は、表情は困ったこととしてとらえているのがうかがえましたが、保育者がどう対応するか任せているようで、言葉をかけずに見守ってくれていました。

泣き叫んでいるふたりに少しずつ状況を聞きだすと、どうやら、慎太君（2歳10か月）が洋介君（2歳7か月）の使っていた車を取ろうとしてのけんかのようでした。「洋ちゃんの持っている車も全部使いたいの！」と、泣きながら車から手を離さない慎太君。「これは僕の～！」とがんばっている洋介君。保育者は「慎太君、それはたしかに洋介君のだから、ほしいっていうのはおかしいねえ。洋介君はがんばって！」と声をかけました。

そのうち、洋介君が力を込めて引っ張り、車を取り戻しました。その様子を見ていた他の子たちが、慎太君に他の車を届けてなぐさめていました。

トラブルは決着がついたのですが、洋介君の母親は困った顔がそのままなので、どのようにとらえたのかをたずねてみると、意外な答えがありました。

「難しいですねえ……」とつぶやかれたので「どんなことが？」とたずね返すと、「いいよって、貸してあげればいいのに……といわずに我慢することが難しいと思いました」というのです。保護者の立場では、わが子の思いよりも、トラブルを起こすことを困ったことととらえているのがわかりました。そこで、「いいえ、お母さん。洋介君が自分のものだったと主張してがんばったことは大事なことなんですよ。自分にとって大事なものは守り抜く力も大切なんです。ここは、がんばったね、と認めてあげてくださいと伝えました。

一方、慎太君はまだ泣き続けていました。母親は「もう泣かなくてもいいんじゃない？　あれは洋介君のだったんだから」と穏やかに諭していました。すると慎太君が、

「まだ泣きたいの！　泣かせてよ～！」と怒って泣いていました。

おもしろいですね。たしかに、自分の横暴さは自覚しつつも、思いどおりにならなかったことについては、悔しさが収まらないのだから泣きたいということのようです。

「なるほど。では、気のすむまで泣いてすっきりしてください」と保育者が笑顔で応援すると、ほどなく泣きやんで遊びだしました。ふたりの母親は、苦笑いしながら仕事に出かけていきました。

＊＊＊

保護者は、わが子の育ちにおいては何事もなく生活することがよいと思いがちです。おそらく、保育者のなかにもそうとらえている人が少なくないと思います。

しかし、保育者のそのようなことなかれ的な視点のなかでは、保護者がわが子らしさや魅力を特性ととらえておもしろがることへの手助けは難しくなります。洋服にこだわることも、豪快な食べっぷりも、全部自分のものにしたいという欲求も、やがて豊かな心が育つための大事な表現です。それをおもしろがることの大事さを解説する積み重ねが、保護者育てのポイントといえるでしょう。

脆《もろ》い心を育ててしまう親の「厳しさ」

2歳児の家出!?

「先生、とうとううちの息子、家出しました……」

「ええっ？　ひとりで家を出ていったのですか？」

いつもよりもややかたい表情で登園してきた快斗君（2歳4か月）の母親からの唐突な言葉にびっくりして、あわててたずね返しました。

詳しく事情を聞いてみると、どうやらその日に遊びにきていたおばあちゃんが帰るとき、一緒にお泊りに行くといってきかず、そのままおばあちゃんと行ってしまったということでした。母親が「家出」と表現をしたのには理由《わけ》がありました。

このところ連日、家庭で片づけのことやお風呂に入りたがらないことなど、生活のなかの切り替えのたびに快斗君と母親のバトルが続いていて相談されていましたが、なかなか改善できずにいたからです。しかもその原因が、仕事が忙しくてイライラすることの多かった自分にあると母親自身が気づいていたのです。そのうえ、おばあちゃんと一緒に歩いている途中で「どうしておばあちゃんの家にお泊りに行きたいの？」とたずねられたときに、快斗君は「ママ、こわいから」と怒った顔でいったらしいのです。

おばあちゃんの家に着いたころに心配した母親が電話をかけてきても快斗君は出よ

うとしませんでした。しかし仕事から帰宅した父親が状況を知り、心配して電話を入れたときにはすぐに出て、「ママが怒ってこわいから」と、しっかりと理由を話したというのです。「快斗は、きみが感情的に自分の都合で怒っていることをよくわかっているみたいだよ」と夫にいわれ、母親は自分への抗議として「家出」をしたという解釈をしたのでした。

快斗君が家出を決行した翌朝、母親から「どうしたらいいでしょうか」と再度相談されました。そこで、快斗君とのやり取りの内容を聞いてみると、必ずしも快斗君のわがままということではなく、母親がちょっと待ってみたり譲ったりすれば難なく受け入れてもらえそうな些細《ささい》なことがほとんどでした。私が快斗君の気持ちを解説してみると、「ああ……やっぱり私が疲れていて余裕がないからですね」と素直に自分の非を口にしました。

「とりあえず、忙しくて気持ちにゆとりがなかったことを、快斗君にわかるように話して、謝ってみたらいかがですか？　快斗君も一度怒ると引っ込みがつかないような頑固さもありますね」

「ありますね。私に似てるのかもしれません」

「ならばなおのこと、自分が間違えたと気づいたときには、素直に謝ることを見本としてやってみせると、快斗君もこれからそのような姿勢を参考にして、友達とのトラブルに生かせるようになりますよ」

「なるほど……。やってみます」と、母親の表情が柔らかい日が差したように明るくなりました。

人は、自分を変えることはなかなか難しいのですが、愛する子どものために自分が変わろうと思えると、意外に意欲的になれるものです。私が快斗君の母親にした助言は、2歳3か月の幼児に対する対応に思えないかもしれませんが、じつは、快斗君が生後10か月のころにも似たようなことがあり、泣いて怒って収まらなくなったときに同じ助言をし、お母さんが謝ったらピタッと収まったことがあった経験から、今回も抵抗なく母親はそのことを受け入れたのだと思います。そして翌日からは、ふたりとも穏やかな表情で登園してくるようになり、「仲直りできました。私が変われる努力をします」と笑顔で話してくれました。

がんばってきた母親の子育て

最近、大人の期待に沿うように生活も勉強もがんばってよい子をしてきた母親が、わが子にとても厳しく接している話をよく耳にします。快斗君のお母さんも、どちらかといえばそのタイプでした。しかし、この種の厳しさは子どもをたくましく育てるどころか、びっくりするほどに打たれると弱く、脆《もろ》い心を育ててしまうことを再確認したエピソードを最近、ある母親から聞きました。

ある日、小学1年生の息子の下校が遅かったので理由《わけ》をたずねると、友達が授業中に、担任の先生に姿勢が悪いことをやさしく指摘されただけなのに泣きだして止まらなくなったので、30分以上なぐさめていたというのです。先生も驚いて、「どうしてそんなことで、そんなに泣くの？」と本人にたずねると、「お母さんにこのことを話されるとこわい。先生、このことをいわないで……」と泣き続けていたということです。その週は保護者面談があり、その子は、先生に指摘されたことが母親に伝わることを恐れて泣き続けていたのです。

その子の母親はふだん、保護者同士のときは人当たりもよく、丁寧で穏やかな雰囲気なのですが、わが子に対してはとても厳しく、教室に忘れ物をすると、学校に戻ると30分くらいかかるところからでもひとりで取りに行かせることがありました。厳しい表情で子どもに接するので、大人も見ていてこわいと感じるほどだといいます。

さらに驚いたことは、宿題のプリントを家庭のコピー機で3枚コピーして、下書き

を3回させてから、宿題のプリントに書き写させることを毎日しているというのです。母親は、完璧な状態で宿題を提出させたいのでしょう。毎日、誰にも指摘されないように親子で必至に大変な労力を注いでがんばっているので、少しのミスも受け入れるわけにはいかないのです。

慰めた側の子の母親は、「とてもすてきな親子と友達になれたと喜んでいたのですが……、その子がこれから先、どうなってしまうのかと考えると、かわいそうで涙が出ます。それに、このお母さんはナースリールームと出会わなければ、ナースリールームに入る前の私とそっくりなんです。私がナースリールームと出会わなければ、きっと同じことをしていました。だから、他人事《ひとごと》に思えないんです」と話してくれました。

失敗で学ぶことが子ども時代の特権

日本は失敗を嫌う国だとよくいわれます。失敗をさせるのはかわいそうと考え、大人が先回りして失敗をさせないようにがんばってしまうのです。

思いおこせば、「子ども時代を奪われた子どもたち」という言葉を耳にして、ずいぶんになります。人間が他の動物と違っていることの代表的なところとして、子ども時代が長いことがいわれていますが、おそらく自発的になにがしかの行為を行ったとき、うまくいかない体験から学ぶことでしなやかに物事を受けとめて考え、工夫し、納得することを積み重ねるための期間として与えられている時代なのだろうと思うのです。それなのに、間違わないように印をつけ、取りすぎないように数や量を決め、迷わないようにパターンで覚えさせ、早めに指示をして失敗を避ける……。そんな乳幼児時代をくり返すと、何も考えなくても答えは得られるという感覚が固定してしまい、思いがけないことが起こるとパニックになってしまう、しなやかさのない、打たれると弱い心が育ってしまうのです。

現代の親世代だけでなく、保育の場でも同じことが起こっているように思います。その人の本当の力は、失敗したときに表れるといわれています。また、ありのままを受けとめられる大人との安心や信頼の関係があってこそ、幼児が自分の周辺にあるものや人にかかわる意欲が育ち、そこから得た学びが、やがて小学校での学ぶ意欲につながるはずですが、その土台が大きく揺らいでいます。ものにかかわる、人にかかわると失敗のリスクが増えると考えるから、こわくてかかわりを減らすしかないのです。このあたりの親子の心情の育ちに、保育者がどのような形で援助していくかも、これから重要だと考えています。

小学校の授業を幼児教育に下ろしてくることで接続をスムーズにと考える方向は、学ぶ意欲の低下の問題とずれているように、私は思います。

Part 3 保護者の育ちを感じながら

父親が育つとき

2歳までの夫婦の危機を支える

『イクメン』『イクジイ』という言葉が示すように、近年は、子育てや保育園の送迎も男性が積極的にしている姿が多くなってきました。一方では、「家事は手伝うけど、子どもは苦手」とか、はじめはやる気満々だったけれど、「どうせ泣かれてしまうから」と母親任せの状態になってしまう父親も多く見てきました。女性のように自分の身体を通して親を実感できない男性が親になっていくには、生活実感が大切なのだと思います。しかし、忙しい、時間がない、疲れている現状にも共感できるので、難しいところです。ただ、私が出会った大半の父親たちは、忙しいなかにも親になって成長したいという思いがあることを感じてきました。

一般的に、子育て支援のポイントとして、〝父親としての自覚を促し、育児を手伝ってもらう〟という考え方が多いかと思いますが、どうもその意識づけでは、母親も「父親として当然やるべきことなのに……」という感覚になり、義務の押しつけになりやすいので、積極的な協力体制になりにくいようです。ある研究調査では、子どもが2歳くらいまでに、夫がよく子育てにかかわってくれたと妻が感じている場合は、その後の夫婦生活が良好という結果が出ていると聞きます。日本の母子家庭の子どもの貧困率の高さが社会問題になっていることを考え合わせると、子どもが0～2歳ごろの夫婦関係を支える役割も、子どもの健全な育ちを支援する保育者として必要な時代のようです。

おもしろいから、かかわりたくなる工夫を

父親が、はじめは義務感や責任感から子育てにかかわっていくとしても、長期的にその姿勢が保たれるためには、おもしろいからかかわりたい、という内発的動機づけが大切で、それにより父親もモチベーションを高いままに維持できそうです。そのあたりを母親がうまくできればいいのですが、産前産後の睡眠不足が続き、初めての育児で余裕のない心身状態なので、なかなか父親育てまで手も気も回らないのも仕方がないことです。そこを、保育者としてどうにか助けることができないか……と考えて

きました。なぜなら、子どもが2歳までに離婚してしまう夫婦が増えてきているように感じているからです。この時期をうまく乗り越えられれば、日本の子どもの貧困問題も、間接的に少し改善できる可能性があると思います。

そこでナースリールームでは、入園前に夫婦面談をすることで、夫婦間の理解を深め、子育てはかかわらないともったいないと気づいてもらい、父親の子育てへの内発的動機づけにつなげようと考えました。具体的には、

●産前産後は、ホルモンの変化の影響を受けていることと睡眠不足が続いているので、気持ちが不安定になりやすい。こういうときこそ、妻の心身の安定を夫が支えることが、赤ちゃんにとっても最もよい環境となる。

●人間の赤ちゃんは、いろいろなことがわかっているので、しぐさ(目、手の動き、行為)を見ているとそのことがよくわかっておもしろい。母親は授乳などの世話に追われると、そこを見落としがちなので、成長のおもしろさを見つけていくことができるのは、父親の大切な役割ともいえる。

●子育てを通して、思いどおりにならないことを学ぶことは、まっとうな大人になるためのよい修業になる。人間社会で仕事をしていくのだから、そのことは必ず仕事に生きてくる。

●人は(子どもは)みんな違っているので、比べない。それぞれのよさを認め合うこ

とで、豊かな社会になる。

これまでに、このようなことを伝えて納得しなかった父親はひとりもいませんでした。むしろ、「知らなかった……。本当?」と驚いたように、隣にすわっている母親を見たり、子育てについては、自分の育ちを振り返って「僕の母は、よく他の子と比べたので嫌だった思いがあります。そうですよね、みんな同じでなくていいんですよね」と共感してくれたり、「僕は、父親に愛されたという実感がありません。お金はよくもらったけど……本当はさびしかった」と涙ぐんで話す方もいました。

「他者の評価を気にして育て急がなくていいんだ」「子どもを育てながら自分も育ち直しができるんだ」。そんな気持ちが両親に芽ばえてくれれば、あとは、その家庭の文化や事情に合わせた形で生活していけばいいのです。そうすると、父親に可能な限り送迎や園の行事にかかわりたいという姿勢が見え始めます。この姿勢さえできれば、自分自身で気づいて学び続けていくので、その成長ぶりは、生まれたての子どもたちと変わりのない勢いと変化があります。

百聞は一見にしかず

あるとき、理沙ちゃん(2歳3か月)が、智也君(3歳5か月)が持っていた積み木で叩かれて、額に小さなこぶができてしまいました。色白のきれいな額にできたこぶは痛々しく、迎えに来た母親に「そばにいながら、間に合わずに申し訳ありませんでした。お父さんにもよろしくお伝えください」と保育者側の配慮不足を深くお詫びしました。

その翌日、「昨日は申し訳ございませんでした。お父さんはお怒りではないですか？」と理沙ちゃんの母親に確認すると、

「いいえ、それよりも、智也君のことを心配してました。先生が、子どもはそれぞれに違っていておもしろいと話されていたので、園に来るたびに、みんなの遊んでいる様子を見ていると、本当におもしろいって。そして智也君は、いつもユニークな遊びをしているので感心していたようです。

それに、智也君が小さい子にやさしくしている様子も見ていたようで、あの智也君がこんなことするのは、よっぽどのことだから、理沙が何か智也君を怒らせるようなことをしたに違いないっていってました。むしろ、智也君がお母さんに叱られていたら気の毒だとも」

思いがけない父親の言葉に、胸がいっぱいになりました。

たしかに父親の推測どおり、理沙ちゃんは智也君が真剣に作っていた積み木の作品がうらやましくなって、その一部を取ったので、智也君は反射的に持っていた積み木

で叩いてしまったのでした。

子どもより、私たち夫婦が育ちました

ときには、「うちの妻はアルツハイマー病になったのでしょうか?」と父親に唐突な質問をされたこともありました。状況を聞けば、「眠いとばかりいっている」「話したことをすぐに忘れてしまう」「急に感情的になって泣きだしたりする」ということでした。そこで、「それはそうですよ、ずっと睡眠不足ですからね」と女性の心身の変化を話すと、「よかった！　先生と今日話さなかったら、僕は今夜、妻に離婚を切りだすところでした」といわれ、ひやりとしたこともありました。

そんなご夫婦が、子どもの育ちをおもしろがれるようになり、お互いの役割を上手に分担して生活を織り上げていくようになると、子どもたちが、申し分なくのびのびと自己発揮していきます。そして、卒園のときに「私たちは、ここに出会えたことを心から感謝しています。子どもたちもですが、私たち夫婦がたしかに育ちました」という言葉をいただくことは、保育者冥《みょう》利《り》に尽きます。

保育の本質をついた
鋭い「気づき」

親の重責

保育関係者向けの研修会にときどきお招きいただくある自治体から、今度は子育て支援の研修会で、ナースリールームの保護者に親の気持ちを話してもらえないだろうか？　という思いがけない相談を受けました。おもしろい企画だと思いました。そのときに、すぐにひとりの母親、Ｍさんの顔が浮かびました。

　Ｍさんは、３人のお子さんすべてが乳児期からナースリールームで過ごし、３人ともアレルギー体質だったため、検査、通院、ときには入院をするようなこともありました。じつは、Ｍさん夫婦は第１子をナースリールームに入れるために他県から東京・板橋区内に転居までしました。それまでは父親の職場の近くに住んでいたのですが、別居してでも入れたいというＭさんの思いがあまりに強いので、しぶしぶ転居を認めてついてこざるをえなかったと、のちに父親からうかがいました。もっとも、ナースリールームに通うためには、Mさんの職場が近くになったので、転居の意味はありました。

また、強引なまでに転居してでも入室を希望したのには、もうひとつ理由がありました。自宅近くの認可外の保育室に第1子を生後2か月から預けていて、生後7か月の2月。夕方お迎えに行くと、「今日はバレンタインデーなので、チョコレートをあげました！」と笑顔満面でいわれ、「愕然《がくぜん》とした、一日も早く転園しなければ子どもが殺されてしまうという危機感をもった」と話していました。強引な転居の決断には、子どもを守りたいという必死の母親の思いがあったのです。

事情を知らなければ強引としか見られないので、周囲からの理解は得られにくかったことでしょう。そのうえ、実家が遠方だったために、実家や夫からの理解もサポートも得られないなかで3人の子どものアレルギー体質と向かい合い、がんばってきたMさんでした。しかも、ただがむしゃらにがんばってきたわけではなく、ひとり、ふたり、3人と子どもが増えるたびに、病院通い、職場での肩身の狭さ、夫婦の役割分担の調整の難しさによる夫婦げんか、ストレスからくる自分自身や夫の体調不良などなど……。大変さで幾度も涙しながらも、親として、夫婦として、見事な「進化」を遂げたご家族でした。

そんなMさんから、私たち保育者が学ぶべきテーマがたくさんあるはず、と確信があったので、ぜひこの依頼を受けてほしいと願いながら連絡を取ってみると、「私でお役に立てるならば……」と、快く了承してくださいました。

保育園で、どのような支援を受けたか？　というようなことを保育をする側が保護者に、ありのままに話してほしいと依頼することは、正直いえば、勇気のいることでした。しかし、とかく子育て支援は、支援する側の独り善がりになりがちな危険性をはらんでいると常々気になっていたので、この際、振り返りをする意味で率直に話してもらおうと考えました。こちらがクッキーをあげたつもりでも、「おせんべい、ありがとうございました」といわれる可能性が、子育て支援にはあるからです。

保護者の気づき

Mさんにお話しいただいた研修会に、あいにく私は参加できなかったので、その内容がどのようなものだったのか知りたくて、Mさんに資料をいただけないかとお願いしたところ、すぐに届けてくださいました。聡明な方であることは7年間のお付き合いで十分認識していたつもりでしたが、その資料の内容は、私の想像をはるかに超えた見事なもので、言葉に言い表せない感動を覚えました。

そして、聡明さとは、苦しいときに発想をしなやかにするために使える知性をもっていることだと、Mさんから学ばせていただきました。

A4判の用紙2枚の資料のうち、1枚は家族の年表でした。7年の間に3回の出産、子どもの入院3回、夫の入院2回、引っ越し3回。保育者としてMさんの隣を一緒に歩いてきたようなつもりでいましたが、この年表を見ただけでも、その大変さを本当の意味で一緒に抱えてきたとはいえないと実感しました。どれだけ大変だったことかと、改めて胸が痛む思いになりました。

がんばりの甲斐あって、今は思春期に入りかけた長男をはじめ、3人の子どもたちは毎日よく笑い、家族とよく会話し、友達もたくさんつくってのびのびと暮らしていて、Mさんから聞く子どもたちのエピソードは、やさしさや正義感、たくましく生きる力を感じさせられる、胸が温かくなるものがたくさんありました。

また、大変な日々のなかにあっても、仕事への

意欲ももち続けていたのでしょう。3番目の子どもが保育園を卒園するころ、ご夫婦ともに職場で昇格をしました。すばらしいことです。

Mさんが用意した資料のもう1枚の内容は、左ページの囲みのなかのようなものでした。

Mさんは資料を作成するとき「気づき」の根拠として、連絡帳のやり取りがたくさん引用されたようでした。

Mさんの仕事は、教育関係ではありますが、芸術系が専門ですので、「保育のことを語ることなどできないので、親としての率直な思いを話しました」とおっしゃっていましたが、いただいた資料の内容は、たしかに親でなければ感じえない実感のこもったものでありながらも、保育の本質をつく鋭い「気づき」でした。それは、保育者側からは、保護者に普通のクッキーを差し上げたつもりでいたのに、クッキーに金粉がついて桐の箱に入って戻ってきたような恐縮するものでした。

Mさんからいただいたコメントには、本当の意味での質の高い保育と質の高い子育て支援のあり方を、改めて考えていく重要なヒントがありそうです。いただいた信頼を無駄にせず、これからの保育に生かせるように熟考していく責任を果たさなければならないと思っています。

保護者が子育てで得た「気づき」と「気づき」を促した保育者を保護者の立場から振り返って

1 第1子の子育てときは、自分は素人であったと改めて感じた。
2 子どもの否定的な感情や自己主張への対処法は、親がまず受け入れることで、前進できることを知った。
3 子どもの言葉にならない感情を、言葉にする保育者の保育によって想像力を働かせることの重要性を知った。そのためには、子どもを十分に観察しなければならない。
4 3歳までの保育における親としての気づきは、子どもが大きく成長しても有効なものであると実感している。
5 子どものよいところや、新しくできるようになったことを詳細に伝えてもらった保育には、「子育ては楽しい」というメッセージが込められていた。
6 子どもの本質に親の視点が向くように、さりげなく何度も時間をかけて伝えてくださった。
7 保育者には、子どもを家族ごと愛していただいた。
8 つまり、こういった保育は、服飾の世界の言葉で表すならば「オートクチュール」「オーダーメイド」であり、質の高いものといえるだろう。

母親が妊娠中の配慮と支援

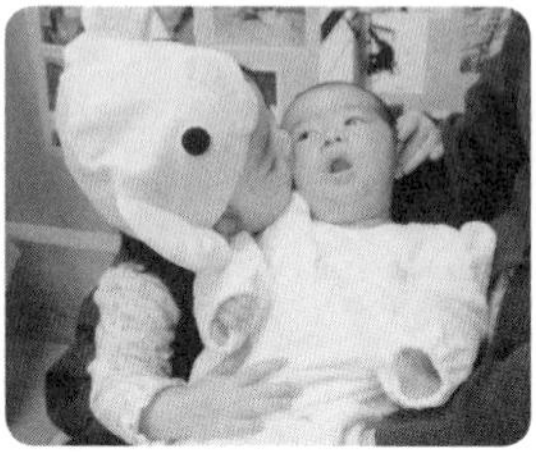

登園時の泣きへの対応

お母さんが体調を崩し、珍しくお父さんと登園してきた遼君（2歳7か月）はお父さんと離れがたくて、「パパと会社に行く！」と泣きだしました。しばらく声をかけずに様子を見ていると、お父さんは遼君の気持ちに応えるように、腰を下ろして膝にのせて抱きました。納得するまで待つつもりのようでした。

このお父さんは入園当初、「家事は手伝うけど子どもの世話は苦手だから」とお母さんに宣言したほど子どもとのかかわりを好まない方でした。遼君が0歳児のころも、はいはいをして足元にしがみついてきても自分の話に夢中で、足元の遼君に視線を向けないこともありました。

でも、あれから1年経ったこの日はちょっと様子が違っていました。遼君のために、しっかりと自分の都合を譲って応じようとするお父さんの変化に感動しつつ、成り行きを見ていましたが、さすがに10分もすると腕時計に目が行き始めたので、待つ限界にきていることがわかりました。そこで、ふたりに近づき、「遼君、パパはずいぶん待っててくれたね。そろそろ先生と一緒にパパに、いってらっしゃいしようか？」と私が遼君を抱き上げて、引き受けました。お父さんは心配そうにしながらも「お迎えに来るからね」と、気持ちを切り替えるようにして出かけていきました。

遼君は、私に抱かれながら泣きじゃくってなかなか収まりません。そのうち泣きながらも抱っこから下りたがるので床に下ろすと、私の手を引いて玄関の柵のところまで連れてきました。そして、「容子せんせい、ここ開けて！　遼ちゃん、パパと会社に行くの〜！」「そうか……。でもね、開けられないの。ここに大事なことが書いてあるから……。遼君、なんて書いてあるか知ってる？」と、柵の張り紙を指さしていいました（そこには、『子どもがひとりで出てしまうので鍵を必ずかけて下さい。』と保護者に向けて書いてあります）。

「ちょっと読むから、泣かないで聞いてくれる？　ここにはね、〝子どもがひとりで外に出るとオオカミにお尻をかじられて大変危険です〟って書いてあるの。それに、ここに丸（句点《くてん》）があるでしょ？　これは〝しあわせのまる〟っていうのよ」と、意味のないような話をしました。すると、遼君は泣きやんで濡れたまつ毛のまま二ヤリとして「ふう〜ん。もういっかいよんで！」「いいよ。子どもが〜ひとりで〜外に出ると〜オオカミにほっぺをなめられて、大変危険です！　しあわせのまる‼」

遼君は、私がもっともらしく読むインチキの意味がわかるのか、ゲラゲラと声を立てて笑いだしました。そして「もういっかいよんで！」「子どもがひとりで外に出ると〜お尻をオオカミにかじられて〜うんちがこぼれて大変危険です。しあわせのまる‼」というと、遼君は本当に愉快そうにゲラゲラと笑いながら、「遼ちゃん、かっこいいうんちでたんだあ」といいました。「へえ〜、すごいね。遼ちゃん、大人なんだってね。ママがいってたよ」「うん。遼ちゃん、おとな！」

登園時に泣く本当の理由

じつはそのとき、お母さんが妊娠中で、遼君はそのこともあって不安定になっていました。家族や周囲の大人に「もうすぐお兄ちゃんだね」といわれると、聞こえないふりをしたり不機嫌になったりするのでお母さんが手を焼いていて、相談されていました。お母さんには、2、3歳の子どもは先を見通せないので、「もうすぐお兄ちゃんになるのだから……」という言葉は、お兄ちゃんという立場が想像できないために、不安になりやすいこと、また、大人の手がかからないようにするために、「そんなことをしたら、お兄ちゃんになれないよ」というように条件として使うと、〝お兄ちゃん〟になることは、今の自分ではダメなんだととらえて、大変なことだと思ってしまい、逆効果であることなどを伝えてありました。〝お兄ちゃん〟になることでがんばらせるのではなく、「小さい赤ちゃんが生まれて困っていたら助けてあげようね、ママが困ったときには手伝ってね」という伝え方のほうがいいのでは……とも話してありました。ですから、お母さんは〝お兄ちゃん〟という言葉を使わないようにして、〝大人だねえ〟ということにしたようでした。

第1子の遼君への対応が難しいと、よく涙ぐんでいたお母さんでしたが、しなやかに考えて対応できるようになった表現にも感心しました。「お母さん、すてきな表現ですね」と声をかけると、「先生にいわれて、〝大人だね〟という表現に変えてみたら、うれしそうにして、気に入ってくれたみたいです」と柔らかな笑顔が返ってきたのが、前日でした。そのことがあって、前に述べた「遼ちゃん、大人なんだってね」という会話になったしだいです。

さて、その後の遼君ですが、ひとしきり私のふざけた調子の〝……しあわせのまる！〟を何回かリクエストして笑ったあと、保育室まで来ました。でも帽子も上着も着たままで、脱ぐことをすすめると嫌がります。「ええ～、帽子を被っていたいの？ このまま被っていたら頭にきのこが生えてきたりして……。お食事の先生にスープにしてもらうから、ちょっと確かめていい？」と帽子を取り、「うわ〜っ！　きのこがいっぱい‼」と髪の毛をつまんで、帽子のなかに入れるまねをしました。遼君は、そんな私の様子を見てニコニコです。

私が「ごはん食べることにする？」とたずねると、「食べない……」「そうか……じゃあ、ここで寝ちゃおう！」と、近くのソファーに誘って一緒に寝転がりました。「遼ちゃん、おひるねしない……」「そうか……。今日は雨が降って気持ちがいいねえ……。葉っぱが濡れてるし、お花も咲いているしね……」と私がいうと、「雨がふったときは、ながぐつはいて電車に乗らなくちゃだめなんだよ」と遼君。「へえ……」と静かに返事をしながら隣で寝転がっている遼君を見ると、目をこすり始めていました。

「受けとめて」よりも、子どもの気持ちへの「共感」を誘う

夕方、お父さんがお迎えに来ると急いで駆け寄って、しっかりとお父さんに抱かれた遼君です。今朝のやり取りについてお父さんにお話しすると、遼君を抱いたまま柵の前に行き、「遼ちゃん、これなあに？」と○《まる》を指さしたお父さん。「ち（し）あわせのまる！」と、はっきり答えてにっこりした遼君。「そうか、しあわせのまるか……」としみじみとした口調でいったお父さんの背後で、驚きと感動から私は涙が出そうで

した。

母親の妊娠中、子どもたちはいろいろな反応を示します。多くは、不機嫌さや不安定さが目立つようになり、両親を悩ませます。保育園でも、理由《わけ》もないのに長く泣いたり、トラブルや噛みつきが増えたりして、保育者も悩まされることがあります。そして、そのような状況のときには「受けとめてやってください」と両親に伝えるような助言が一般的に多いように思います。

でも、父親もふだんよりは家族のことに手をかけないわけにはいかない状況にあり、母親も自分の身体のつらさを我慢してがんばっているので、「受けとめて」といわれると「これ以上は無理！」という拒絶反応を引きだしてしまいやすいように思います。できれば、両親に子どもの気持ちへの「共感」を誘ったほうが、親子関係を支えるには効果的で応用がきくと思うのです。

育児休業明けの保育者の母親としての心理

第一関門クリア

先日、東京家政大学の卒業生のAさんから電話がありました。その内容は、「保育園に勤めて数年後に結婚、今は育児休業中なのですが、親になって気づいたことがたくさんありました。特に、親の立場になってみると、保育者として自信をもってやっていたことが間違いだったのでは？　と反省することばかりで自信がなくなってしまったのです。このままでは職場復帰がこわくてできないので、保育を見学させてもらってもいいですか？　学生時代に戻って、もう一度保育者としての原点に立ち返ってから復帰したいのですが……」とのことでした。そこで私は、「いつでもどうぞ」と伝えて電話を切りました。

数日後、またAさんから電話が入りました。

「見学の日は、子どもを実家の母に預けるつもりだったのですが、まだ人に預けて子どものそばから何時間も離れたことがないのでかわいそうかと思い、迷っています」というので、「こちらはどちらでも大丈夫ですが、せっかく自身で大事なことに気づいて学ぼうと思ったのに、やめてしまうのはもったいないと思います。それにお子さんは、春からは保育園に入るのですよね。ご家族を信頼して、11か月になったお子さんの力も信頼して、ママは勉強に行ってくるからよろしくね、と話してみたら、きっとわかってくれると思いますが」と話してみると、「なるほど……。私は、何でも自分でなければダメと思い込んでがんばりすぎて、人を信頼することを忘れていました。やってみます」という返事があり、ひと安心。第一関門クリアです。

どうして〝第一関門クリア〟かというと、保育者という仕事は、わが子を他者に預け、わが子と同年齢の他の子を預かることになるという矛盾がある職業です。親業と保育者の仕事はとても似ていますが、本当は違うところがたくさんあると思います。しかし、似ているところもたくさんあるので、「わが子のそばにいないで、仕事をしていいのか？」という罪悪感は他の職業の方よりも強いのではないかと、自分自身を振り返っても思うのです。ですから、育児休業明けのとき、自分の周辺で支えてくれる存在への信頼感がないと、この大きなストレスは乗り越えるのが厳しくなります。

その意味で、Aさんがまず人への信頼の重要さに気づき、一歩踏み出せたので安心したというわけです。

思いがけない気づき

そして約束した日、Aさんが勢い込んでやってきました。

「お子さんはどうしたの？」とたずねてみると、「夫が休みを取ってみてくれることになりました。大丈夫、僕を信頼して、といわれてしまったので。でも、心配なので早めに帰らなければ……と思っています」というので、「ご主人がせっかくそういってくれたのならば、信頼して勉強することに専念したほうが、協力してくれたお子さんのためにもなるのでは？」といってみると、「ああ、そうでした。信頼しなければ……でした」と、やっと落ち着いた表情になり保育室に入っていきました。

あのとき、納得したはずなのに心のどこかで、わが子は自分がいなければダメなんだということが、正直な母親としての思いなのでしょう。人は、頭でわかっていても感情がどうにも収まらないことがあるものですね。また視点を変えると、保育園に入園してくる母親の思いがAさんの葛藤の様子からうかがい知れると思います。これは、母親である自分が守らなければという思いで、初めてのわが子を緊張しつつ守り抜いてきた1年、いえ妊娠中を含めれば2年近くがんばってきたのですから、当然のことなのです。

そして、おそらく彼女は、職場復帰を間近に控えて、自分の大事な宝物を手放したくないという思いが強くなったときに、娘の〝保育園暮らし〟への想像が広がり、保育者であった自分がしてきたことを思い返すことになったのでしょう。

約束の時間を過ぎても見学し続けているAさんに、「そろそろ時間なのでは？」と声をかけると、未練ありげな表情で大きなため息をつきながら、職員室に戻ってきました。

「いかがでした？」「たくさんのことに気づかされました。子どもたちをもっと丁寧に見ないといけませんね。私は子どもたちをかなり急がせて保育していたと深く反省しました。保育だけじゃなくて、私と一緒に組んだ新卒の保育士に対しても、育て急いでいたと気づかされて……」と涙を流し、言葉が続かなくなりました。具体的にはどのようなことなのかをたずねてみると、新卒の保育者が、子どもに共感しようとひとりの子どもの言葉に耳を傾けていることが多く、保育が流れなくなり、「そんなことしていたら保育が回らない！」とイライラして叱ってしまったことを思い出したということでした。「彼女に本当に申し訳ないことをしてしまいました……」と、しょんぼりし始めました。

私は、「すばらしいですね。他の人の保育を見ただけで、自分自身をそのように振り返り、気づくことができるなんて。なかなかそんなふうに自分を振り返ることができるものではありませんよ。今日、お子さんとご主人に負担をかけてまで学びにきた甲斐がありましたね」と話しました。すると、「いえ、それが、ちっとも負担になってなかったんです。じつは、やっぱり心配で途中で家に電話してみたら、ミルクをしっかり飲めて、泣かずにご機嫌で過ごしていたみたいで、拍子抜けしました」と笑顔が戻りました。朝、彼女から受けたせかせかした空気はもうすっかり消えて、別人のようにほっこり、ゆったりしたリズムが流れていました。

1か月後、彼女から手紙が届きました。以下はその一部です。

「娘が生まれ、命を育てる責任の重さや日々の子育ての大変さは想像以上に大きな波となって押し寄せ、心が揺れる日々を過ごしていました。早く自分も子育てをしたいと意気込んでいたのに、いざ子育てが始まると思っていたようにはいかず落ち込み、保育士として自信があったことが恥ずかしくなりました。……（中略）……お昼の配膳ができるまで、どう過ごしたらスムーズにいただきますができるか……大人が効率よく動くにはどうしたらいいのか……。そんなことばかり考えていました。

忙しい時間帯であわただしくなってしまうから、何とかしたいと考えていたことですが、考えているうちにいつの間にか自分の考えるペースが速くなり、心も行動もどんどんせわしなく、あわただしいものになっていたことに気づかされました。あれもこれもと動き回り、落ち着かず、さらにどんどん肩に力が入り、苦しくなってしまいます。

でも、忙しくしていたのは、自分自身でした。自分の癖に気づかせてもらい、うまくいかなかった原因が見えてきて、どこに気をつければいいのかがわかり、少し前が明るくなったような気がします。保育の仕事を続けていきたいと、心から思いながら復帰できます」

自分自身の経験を振り返ってみると、子育てを通して保育者として成長することはできそうな気がしますが、その逆は必ずしも成立しないかもしれません。つまり、保育者という仕事は、子育てとは似て非なるものであり、似ているからこそ難しいという皮肉な結果があったりします。どんな職業でも、親はやっぱり素人のままなのです。情けない親でありながら、立派な保育者を目ざすことも許していただけたらなあと思っています。

連絡帳を通して育ち合う

連絡帳の役割

毎日家庭とやり取りしている連絡帳は、どのような役割があるでしょうか？

ここでは、連絡帳を通して、親子が今求めていること、保育者の役割について考えてみます。

１　○月×日

シートをきものにして、おひなさまになっていました。なおちゃんに自分から率先して「ああしよう」「こうしよう」とアイデアを提案していました。着物の裾が広がっている様子を足を広げて表現してみたり、工夫して遊んでいました。その観察力がすごいと思いました。みずきちゃんは、お友達の先頭に立って楽しいアイデアをいっぱい出してみんなを楽しませてくれる力があると思いました。

2　○月×日
みずきちゃんとシートを着物にしておひなさまごっこしていました。アイデアを出してくれるみずきちゃんの様子をよく見てシートの柄をそろえたり、相手に合わせることがとても上手でした。なおちゃんは、人をよく見て観察する力、そして、それに上手に合わせてあげられる柔軟な心があると感じました。すてきですね。

このふたつの文章は、ひとりの人が保護者向けとして連絡帳用に書いたものです。しかし、保育者が書いたものではありません。短大の保育科1年生の授業のなかで、2歳児の女の子ふたりが遊んでいるビデオを見せて、「連絡帳としてその場面を伝えてみましょう」と書いてもらったものです。そのビデオには3人の子どもが出てきますが、どの子どものことを書いてもよいとし、書く時間は10~15分、その時間内にひとり分、あるいはふたり分書ける人は書いてもよいと伝えます。すると、多くの学生が、前記したようにメインで遊んでいたふたりの女の子のことをそれぞれに表現を変えて書いていていました。

食事用のテーブルクロスを使って遊んでいたふたりの行為を、ほとんどの学生が、『観察力』『発想力』『やさしさと思いやりのある行為』『自由な想像力』『物事を理解し行動する力』など、子どもの行為を肯定的にとらえて意味づけをし、「すごいと思いました」「感動しました」「驚かされました」「すてきです」と、自分なりに心が動いたことを言葉にして表現していました。

この連絡帳を書き終わったあとは、隣の学生と用紙を交換し合い、自分の子どもの連絡帳を読むような気持ちで読んで、書いた人に感想を伝えます。すると、「うわ〜、こんな連絡帳をもらったらうれしい〜」「なるほど……」という声があちこちから聞こえてきます。

短大1年生の前期は実習がないので、子どもや保護者との接点もありません。また、私は授業のなかで連絡帳の書き方のスキルは教えていないのですが、多くの学生が大きな差もなくこのような内容の連絡帳を書きます。

子どもへのまなざしが連絡帳に反映する

スキルは教えなくても、授業のなかで強調して伝えてきたことはあります。

それは、〝親が子育てを楽しめない理由《わけ》は、子どもの行為の意味がわからなかったり、その理由を知ろうとすることよりも、いい子という結果を求めやすいため〟、そして〝子どもがおもしろがってやることには、必ず学びがある〟ということ、〝保育者の専門性の高さは、子どものもつ力を信頼して子どもの行為のなかにある学びを見つけるまなざしにある〟というようなことです。

さらに授業では、1枚の子どもの写真をいろいろな角度から見てみたり、DVDを使ってその出来事のなかにある子どもにとっての学びを抽出させてみたり、私が話すエピソードから保護者の立場と子どもの真実を並べて意味づけたりしてきました。また、子どもを見るまなざしが人によって違うということにも気づいてもらい、見方が偏らないためには、いろいろな人の多様な見方が参考にでき、思い込みからの脱出ということにおいても、意味があって大切だということも話してきました。だからこそ、自分なりに感じたことを大切にして、言葉にして表現することの重要さにも触れました。

このような授業を積み上げたあと、「連絡帳を書く」という課題に挑戦してもらうのです。

学生が書いた連絡帳から、ひとつの確信がもてました。それは、子どもへの信頼のまなざしが深くあれば、保育者としての経験年数がなくても自然に、保護者が読むことが楽しみになり、子どもの成長が感じ取れる連絡帳は書けるということです。保育者が保護者に向けて書く連絡帳は、単なる生活のための情報交換に終わるものではなく、園生活のなかでの子どもの心身の成長発達の一部分を切り取って丁寧に意味づけし、応答性をもって保護者と共通理解し、その成長の喜びを共有していくという意味において大変重要な役割を果たすものです。そして、子どもの育ちの見通し、子どもへの信頼感、子育てのおもしろさなどを連絡帳を通して伝えていくことは、親の心にゆとりを導く子育て支援となります。

私の園では、毎月のお便りに、ひとりの保護者に『子育て雑感』の寄稿を持ち回りでお願いしているのですが、ある月、２歳児の母親が次のような原稿を寄せてくださいました。

「連絡帳」

日々、私は保育園の連絡帳から学んでいる。わが子の見方、とらえ方、感じ方、そしてかかわり方……。その温かいまなざしは、いつも子どもの可能性を信じ応援している。常に愛情でいっぱいである。それは、わが子のすばらしさをたくさんたくさん気づかせてくれる。連絡帳を読み終えたあと、私は、育児に対して、とても前向きになれる。わが子の可能性に対して、肯定的な確信をもてるようになる。この確信は、わが子へのちょっとした言葉の端々に、ふっと見つめた目の輝きのなかに確実に表れる。連絡帳を通しての保育園からの教えは、いつも私を励まし、勇気づけ、そして、導いてくれる。（母）

なんともありかたい内容であり、保育者冥利《みょうり》につきます。では、保育者はどんな連絡帳を書いてきたのでしょうか。笑いあり涙あり感激ありの保育の日々のたった1日分ですが、ご紹介します。

○月×日（保育者）

このごろ、R子ちゃんとY君が一緒に楽しそうに遊んでいるのを、ちょっとうらやましそうに見ています。仲間に入ろうとしても断られてしまい、葛藤中。R子ちゃんにちょっかいを出して（持っているものを取ったり、Tシャツをひっぱったり）余計に逃げられたり……。R子ちゃんとY君の布団の上にわざと大の字に寝てみたり……。うまくいくことを急がずに、お互いが自分の思いを表現し、相手の思いを受け入れ、折り合いをつけていくのを楽しみに見守っていきたいと思います（K君のあの手この手は、悲情感がなくて周囲のみながぷっと笑ってしまうのです）。

＊＊＊

（家庭より……母）
息子は、本当にあれやこれやと常に考えているようです。じーっと観察してみると、彼の思いが伝わってきます。思いが強いときは、私の都合とかお構いなしにぶつけてくるのですが、解決できなくても、受けとめてあげるだけで結構落ち着いてくれるものです。保育園から教えていただいたことが、日々生かされていると感じます。

また、ある日、保育者がトラブルのエピソードを書いたときには、
大人が子どもの間に入りながらも、教え込んだり抑圧することがなく、子どもに考えさせる時間を与えてあげることが、子どもの成長に本当に大切だと思います。私が保育園から学んだことです。
と書かれてありました。
連絡帳を通して、子ども、親、保育者が育ち合う関係づくりはすてきです。

Part 4 〝おばあちゃん〟との関係性

孫の育ちが気になる〝おばあちゃん〟世代

「子どもの表情が変わりました！」

生後3か月で入園してきたゆうと君のエピソードです。

両親と祖父母、おじさんという恵まれた家族構成、ゆったりとした生活環境で3か月間過ごしてきました。ところが、入園して1週間が過ぎたころでしょうか、父親が「家にいたころとまるで表情が変わってきました。保育園に入れて本当によかったです」と、しみじみいうのです。どんなふうに変わったのかを具体的にたずねてみると、表情がとても豊かになって、反応がはっきりしてきたというのです。

第1子を、低月齢から保育園に入れることに抵抗を感じない親はいないと思います。母親が産休明けから職場復帰をしなければならない状況であること、祖父母が病気がちなので長時間の子育ての支えにはなれないことなどの理由で、やむなく保育園に頼らざるをえない状況での入園でした。

保育開始初日は、両親と祖父母も一緒にいらっしゃいました。両親が涙ぐみながら「どうぞよろしくお願いします」と、深々と私たち保育者に頭を下げられるその姿には、切ないほどの祈りが込められていることがひしひしと伝わってきました。それなのに、なぜ入園後たった1週間でこのような変化が起こったのでしょうか？　私にも理解しがたい不思議さを覚えた父親のセリフでした。

たくさんの家族に囲まれているのに、ホスピタリズム*のような状況になっていたということ？

初孫で、大歓迎を受けて誕生した赤ちゃんなのに？

答えは、ほどなくわかりました。

ゆうと君の両親はひとりっ子同士でした。ゆえに、育児経験から助言をするはずの祖父母も「ひとりしか育ててないから忘れてしまったので……」と、育児の助言ができず、本やインターネットなどに頼りながら、おそるおそるの育児を家族みんなで3か月間してきていたのです。そのために、ゆうと君は、大人の真剣な表情や困った顔ばかり見ていたのかもしれないと予想できました。

京都大学霊長類研究所の研究によると、チンパンジーとヒトはＤＮＡの塩基配列が

＊乳幼児期に、何らかの事情により長期間、親から離されて施設に入所した場合に生じてくる情緒的な障がいや身体的な発達の遅れなど

98・9%同じでありながら、その進化に大きな差があるのは、母親の子宮環境が大きく異なるからではないかといわれています。

チンパンジーの場合は、胎児が頭の上に手をのせたままで、生まれるまで身動きできない状態でいますが、ヒトの子宮は広く、羊水のなかで胎児は自由に手を使って動いているとか。だから、子宮環境がヒトをヒトらしくしているのだそうです。また、チンパンジーの母親は4~5年おきに子どもを産み続けて一生現役の母親で過ごすが、ヒトには閉経があり、おばあちゃんという存在がある。それは、育児の仕方を伝えるために必要だからだと解釈されているようです。また、チンパンジーと違って父親がそばにいるのも、複数の人とかかわりながら多くの人に助けられて育たないと人間らしくならないからだと。

このようなことから考えていくと、一生のうちでひとりしか育てたことがない、しかも育児書片手に核家族で、ひとりでがんばって子育てをしてきた専業主婦一代目の今のおばあちゃんたちが、自分の娘や嫁に的確な助言ができる状態にはなさそうです。現代のおばあちゃんたちは、祖父母からの助言を受けずに育児書で子どもを育て始めた最初の人たちだからです。

ゆうと君の家庭での3か月は、家族みんなで「寒すぎないかしら?」「暑すぎないかしら?」「飲ませすぎかしら?」と不安を抱えての子育てで、みんな真剣な表情でゆうと君の顔をのぞき込んでいたのでしょう。ところが、私たちのところに来たら、「おはよう、今日も会えてうれしいわ。気持ちのいいお天気にママと来れてよかったわね」と笑顔で話しかけるので、「あう〜んく〜うぐ〜」と、自分の声で興奮してしまうのではと心配するほどの応答です。〝ああ、僕、こんなことがしたかったんだ〟とでもいいたげです。「人間になりたがっているんだなあ」と、しみじみ思う瞬間です。

その様子を目の当たりにした両親が、「ええ〜!? この子、先生とお話ししているみたい！ 先生の話していることがわかってるみたいですね！ すごい」と、赤ちゃんに話しかけることの大切さに気づいていくわけです。

おばあちゃん世代と今の子育て事情との乖離《かいり》

親だから、親のくせに……という言葉がよく聞かれますが、その時代の社会のなかで育てられた子どもたちがやがて育てる側になるわけですから、子育て能力が低下してきたといわれる親が増えたとすれば、当然、その人たちを育てた社会に責任があります。

今のおばあちゃん世代の方々のなかに、孤独のなかでがんばって自力で子育ての勉強をして、立派にわが子を成功組（いい大学を卒業させた、立派な会社に勤めさせた）

に入れたという結果を残した手応えのある方たちは、今度は孫の育ちが気になります。娘や嫁の子育てにいろいろと口を出してきて、指図することも多々あります。ナースリールームに入室の問い合わせをしてくるなかにも、おばあちゃんが勝手に申し込んでから、入園間際になって母親がおばあちゃんについてくるということもよくありました。

感覚で子どもを育ててきた人と違って、頭で子育てをしてきた人たちは、自分の努力の軌跡が見えやすいために自信があるようです。

例えば、離乳食。「スプーンで練習させるのよ」「果汁は飲ませているの？」などの助言をします。１９８０年代は、離乳食の進め方の方法として一般的にそのようなことがいわれていたからです。しかし、今の『授乳・離乳の支援ガイド』（厚生労働省・２００７年）には、

固形物が入ると舌で押し出そうとする乳児反射があるうちは、離乳食は進められないので、スプーンの練習などを早期に行う必要はない。

＊離乳開始前に果汁などをあえて与える必要はない。その理由としては、

・糖分が多く血糖値が上昇、食欲が抑えられる。

・乳汁の摂取量低下によりミネラル類の摂取量低下の危惧。

・乳児期以降における果汁の過剰摂取傾向と低栄養や発育障害との関連が報告されている。

というようなことが書かれているので、おばあちゃん世代が子育てしたときの情報とは反対なのです。

このあたりからも、母娘、姑嫁の確執が始まったりします。それが育児負担につながって、矛先《ほこさき》が子どもたちに向かってしまった状況も少なからずありました。

保育者には、子どもの保育を担っている間だけの専門性ではなく、社会の変化や新しい育児情報へのアンテナを張りながら、親の内部、背景にあることを想像しつつ、子どもの育ちを支えるための親支援が、今とても重要なのです。

〝おばあちゃん〟自身の子育て事情

ヒトの〝おばあちゃん〟の役割

つい最近、私の娘が出産しました。今年還暦を迎えた私は、名実ともに〝おばあちゃん〟という役割をいただくことになりました。

私が出産したときに、母の存在が本当にありがたかったことを覚えています。初めての出産と子育てに気負っていた私に、経験からの助言や、昔からのことわざを教えてくれ、緊張を和らげてくれました。それらは、保育の勉強では決して得られないことばかりでした。

はたして、私が自分の子育てに自信をもち、娘に伝承できるものをもっているかと問われたら、たったふたりの子どもを育てたくらいの経験では、正直いって自信があるとはいえません。ただ、保育者としての経験や勉強が行為の裏づけになっていますので、普通の〝おばあちゃん〟よりは根拠をもって伝えられます。しかし、それも生き物としての「子育ての伝承」という役割からいえば不自然であり、どうかな？ という疑問もあります。私の母のようなわけにはいかないと思いますが、あまり気負うことなく、かといって口うるさすぎない適度のおせっかいが〝おばあちゃん〟という存在の役割の果たし方としてよいかと考えていたりします。

これまで私は、保育者として多くの子育て家族と出会い、〝おばあちゃん〟の存在がその家庭の子育てにさまざまな影を落としていることも見てきました。

母娘の関係と保育者の役割

「先生、今度、うちの母を連れてきますので、お話ししてもらえますか？」と、美香ちゃん（2歳）のお母さんが深刻な表情でいってきました。何をどんなふうに話せばよいのかたずねると、思いがけない事情がわかりました。美香ちゃんのお母さんは、大学を出て会社で働いていたときに結婚で一度退職し、その後、もう一度専門学校で勉強をして就職活動中に妊娠し出産して、入園を希望してきた方でした。美香ちゃんのお母さんは、3姉妹の真ん中なので、上下のふたりよりも干渉されずに自由に育ってきたようです。そこに〝おばあちゃん〟がどのようにかかわってくるかというと、「そもそも、子どもがいるのに働こうとすることが間違っている。自分は、娘たちを育てるために仕事を辞めてがんばって育ててきた。あなたは、幼いころから自分勝手だった」とおばあちゃんが保育園への入園を真っ向から反対し、娘の生き方までも否定しているので、なんとかしてもらえないかという依頼でした。

数日後、登園のときに美香ちゃん母子と一緒に小柄なおばあちゃんが笑顔でやってきました。厳しそうな凛《りん》とした方がいらっしゃるのかと身構えていたので、少し安心しながら、「よろしかったら、ゆっくり他のお子さんが遊ぶ様子などもご覧ください」とお誘いすると、「いいんですか？」と強張《こわば》りながらも笑顔でおっしゃり、しばらく保育室にすわり込んで見ていました。ころ合いを見計らって、「いかがですか？　何か心配になることや気になることはございますか？」とたずねてみると、「びっくりしましたし、感動しましたし、反省もしました」と、興奮気味に話し始めました。

その内容は、「長女の孫はここにいる子どもたちと同じ年齢だが、こんなに言葉豊かに人とかかわっていない。ここの子どもたちの表現力の豊かさに驚いた。ひとりの子が泣いたら、1歳なのに、ティッシュを取って泣いている子の涙を拭きに行ったやさしさに感動した。そして、家庭で自分が頭ごなしに『ダメ！』と叱ってしまいそうなことを、保育者が子どもの気持ちに共感しながら、してはいけない理由を丁寧に話してあげていたのを見て、自分の子育て、孫育ての姿勢を反省した」というものでした。

うれしい変化、残念な連鎖

その日以来、美香ちゃんのおばあちゃんは送迎に積極的にかかわりながら、しばらく保育室で過ごしていっては、「おもしろい！ すばらしい。勉強になります」といいながら、孫育ての参考にしていたようです。ときには、長女、三女の孫の育ちや母親との接し方について相談されることもありました。

そして、美香ちゃんが卒園して数年経ったころ、久しぶりにお母さんから近況報告の電話が入りました。「おばあちゃんはお変わりないですか？」とたずねてみたら、「うちの母は、ナースリールームに送迎で通ううちに、『保育者という仕事はすばらしい！』といって、あのあと自分で勉強して保育士資格を取っちゃったんです。そして、今は地域の子育て支援センターでお手伝いしています。本当は専業主婦にはなりたくなかったんですって」とのこと。

本当にびっくりしました。孫の保育園から学び、自分の生き方まで変更できるそのエネルギーとしなやかさに感動させられました。しかし、もしも私たちと出会わなかったら、この母娘関係はどうなっていったのかを想像すると怖ろしくなります。

また、別の母親から、おばあちゃんとの関係を相談されたときのこと。そのおばあちゃんがお迎えのときに、「うちの娘は、私のようにはなりたくないんですって。だから、意地でも仕事を続けていくそうです」と、厳しい口調でいい放ち、腹立たしそうに孫に靴を履かせて「先生に、さようならでしょ！」と強要したことがあり、私たちはピリッとした空気を和ませようと、「おばあちゃんとお散歩しながら帰ることができてうれしいね。また明日ね！」と見送ることもありました。

一方の母親はというと、常に表情が硬く、子どもの気持ちがわからなくていつもこじれてしまい、最後は子どもの大泣きでお手上げ状態になり、呆然《ぼうぜん》と見ているということがよくありました。周囲の保護者からも、困った母親だというようなまなざしが感じられました。

ある日、「私は一度も母親に共感されたことがなかった。いい子にしないと私が恥ずかしいでしょ！　といわれてきた」と、自分の育ちが子育てに影響している苦悩を語られ、私は日ごろの子どもへの対応に納得し、困った親と否定することではなく、共感して包み込むことから始めなければならないことに気づかされたのでした。

心地よい連鎖に変換する役割

反対に、仕事を続けてきた〝おばあちゃん〟たちはどうでしょうか。

先日、あるイクメンの会の責任者の方とお話をする機会がありました。そのとき、「僕は思春期のころに、母親がとても困った人だと気づき始め、家を出ることにしたんです」というので、てっきり専業主婦かと思いながら話を聞いていると、そうではありませんでした。「仕事も続けて、しっかりと子育てもやり抜いたという自信が、かえって自分(わが子)に、もっとがんばるべきだと厳しい要求をしてくるので困った。今は、結婚して子どももふたりいるが、孫に対してもおばあちゃんとしてのやさしい受容はなく、嫁に対してもがんばりを求めるので、あまり近づかないようにしている」という息子としての手厳しい母親非難の言葉でした。

このように、仕事をしている、していないにかかわらず、一世代前の母親たちが置かれていた境遇が次の世代の子育てに影響していることは否めません。子育ては、誰かの評価を気にしながらひとりでがんばるものではなく、みんなに助けてもらい、感謝しながら楽しんでいくもの、という心地よい連鎖に変換する役割を保育者が請け負うことから、子どもたちの安心と安定と〝のびのび〟の保障ができるのかもしれません。

| epilogue |

親子の今と保育を真摯に考える

今、小学校で何が起こっている？

「先生、うちのおじいちゃん（60代半ば）が最近、小学校に出入りしているらしいのですが、もしかしたら井桁先生が興味をもたれる話が聞けると思うので、今度お迎えに来たときにでも詳しく聞いてみてください」と、ひとりの母親に声をかけられました。数日後、その母親が出張でお迎えを代行したAさん（おじいちゃん）に、近況をたずねてみると、近くの小学校に手伝いに行っているとのこと。どのような立場で、どのような役割を果たされているのかをお聞きすると、厳しい表情で次のように話してくれました。

「自分は、スポーツ少年団にかかわっており、地域の人間の立場として、公立小学校6年生の、授業中の教室にいたことがある。

その小学校では教師が授業を進める間、クラス担任の他に子どもたちを見張る役割の大人がいないと授業が成り立たない。授業中に床で寝そべったり走り回ったり、いろいろなものが教室のなかで飛び交ったりするので、それをさせないために、校長からの要請を受けて、各クラスに1～2人、地域の人や警察官が私服で入るなどしている。総勢40人近くの教師以外の大人が出入りしている。子どもたちは、スポーツ少年団のコーチのいうことには耳を傾けるので、ある程度の抑止力になっている。

荒れる子たちは、勉強ができない子とは限らず、よくできる子と勉強についていけない子が一緒になって授業妨害をしているので、なかなか厄介だ。授業の合間は、いじめの起こりそうなところ（例えば、更衣室）に行くと、予想どおりいじめが起こっているので、止めに入ると『勝手に入ってくるな！』と逆ギレされたこともある。また、その小学校を卒業した途端、少年院に入ってしまった子もいる。

今年は、別の小学校の2年生の教室に入っているが、同じような現象が見られる。保護者たちは、自分たちのような部外者が入ってくることに批判的で、厳しい目や態度を向けられる。保護者は学校側に強い不信感をもっているが、とにかく我々が入らなければ授業が成り立たないことは確かなので、学校側はなんとか授業ができる体制を整え、事件を起こさないことで精いっぱいのようだ」

昨今の犯罪の低年齢化については気になってはいましたが、予想もしない身近な、しかも小学校での現実にショックを受けました。

企業人の立場で見た今の学校と子どもたち

Aさんに、今のような小学校の状況、小学生にかかわって率直にどんなことを感じられるかをさらにたずねてみると、

「自分は大企業に定年まで勤めてきたので、その視点でしか話せないが、ひとつは、学校のさまざまなことが、企業が努力しているレベルからいうと30年は遅れていると感じる。学校を企業に置き換えたら、とっくに倒産してしまう会社だと思う。社会状況、家庭環境や子どもたちの生活の変化などを見ずに、古いやり方をそのまま踏襲しているだけなので、子どもたちが抱えている現実や心と合ってないと感じる。

ふたつ目は、教師たちが疲れている。みんなまじめで一生懸命だが、子どもへの共感性がなく、パターンで対応し、理解につながっていかない。

3つ目は、子どもたちは、大人や社会を恨んでいる目をしている。何ともいえない目つきで、大人を見る。ある意味、かわいそうにも見えてくる。

子どもたちは、大人に理解されないこと、大人のダメさ加減もわかるので、暴れる

くらいしか通じないと思っているのだと思う。

4つ目は、生活の格差のある子が混在している地域の小学校に、多くの問題が出ているように感じる」

さて、教育には無関係な園児のおじいちゃんからうかがったこの現実は、一部の特別な出来事、個人の勝手な見方として聞き流すことができるでしょうか？

小学校低学年で問題が出るということは、乳幼児期、つまり保育園や幼稚園時代に何かあったのではないかという振り返りの必要性はないでしょうか？

保育園の現場は今

最近話題になっている『ルポ 保育崩壊』（小林美希・著／岩波新書）には、公立、社会福祉法人立、株式会社立の保育園の現状や問題点がかなり具体的に表現されています。保育の内容については、

〝背中ぺったん、壁ぺったんと壁に背中をつけて座らせられて、まるで軍隊のように規律に従わされている〟

〝保育士は怖い顔をして「泣きすぎ！」と、子どもたちに向かって叫んでいる〟

〝エプロン・テーブルクロス（エプロンの先をテーブルに載せて、その上に食器を置

いて食べさせる)〟

〝まるで布団たたきのように、ぱーん、ぱん、と叩いて機械的に寝かしつける〟

〝保育士があらゆる場面で子どもを指示、命令で縛る保育〟 などなど…。

状況の解釈の仕方はすべて共感できるわけではありませんが、この本に挙げられている保育の現状は、私自身も目にし、学生や保護者、バーンアウトした保育者や園長先生から聞いている現実とほとんど違いはありません。著者の小林氏と私が収集する情報のフィールドは決して一致していないと思いますが、情報内容に違和感がないということは、かなり広い範囲で見られる現状ということになります。

そして、そのような現状のなかで、

●保育園に預けることを悩むのではなく、「この保育園に預け続けて大丈夫だろうか」と悩む親が増えている。

●「保育園は保育士に余裕がなくて、話しかけてもらえないに違いない。この園に通っていたら逆に発達が遅れるのではないか」と転園を希望するが、空きがなく、やむなく通い続けるしかない。

●「今のままだと、本気で幼稚園に移らなければ、子どもの将来が危うくなる気がしてならない」と気が気でない毎日を過ごしている。

……というような親の心情も表現されています。

保育経費の削減は親子の育ちの質も下げる

小林氏は「まえがき」で、「(前略) これでは、保育士の犠牲の上に成り立っているようなものだ。筆者は今までも、機会あるたびに保育士の労働について筆をとってきたが、今、改めてこれらの保育所の厳しい現状を描き出し、保育の質の低下、その原因となっている保育行政の貧困状況に警鐘を鳴らさなければ、親子の一生を左右しかねない。そして、それだけでは済まされない国家レベルの問題になると危機を感じている」と表現していますが、まったく共感するところです。

この本に挙げられている保育園への不安や不満は、0~3歳くらいまでの子どもたちの親が主でした。予想していたとおり、保育の経費削減による保育の質の低下は、人生の土台をつくる乳幼児期に最も多く悪影響を及ぼすことが確認できます。

子どもの育ち損ねのみならず、親として子どもとともに成長していくことが子育ての醍醐味でもあり、人間として成熟するために意味のあることだと思いますが、そのスタートが不満や不信で始まることは残念でなりません。子育てを通して社会と豊かにつながり、大人になるきっかけもつかめずに、モンスターペアレントを養成してしまう結果となってしまうのではないかと危惧します。

また、今の日本では0~3歳までの乳幼児の約7割は家庭で過ごして、3歳から幼稚園や認定こども園に入園しますが、そこにもさまざまな問題があることは自明のことであり、保育園だけの問題ではないはずです。

このような社会の状況が、前述した小学校の現状と結びついていると思うのです。子どもたちは、全身で大人たちに知らせてくれています。それを抑え込むのではなく、なぜそうなるのかを急いで検証し、社会全体のあり方として本気で取り組んでいかないと、小林氏のいうように国家の質の低下を招きます。

そして、何より残念に思うことは、人にはそれぞれに役割があり、私にはなしえない国を救うような力をもった子どもや大人たちが、本当の力を発揮しないまま残念な形で生きる意欲を失ってしまうのは、もったいなさすぎるということです。

あとがき

私は、自分の子育てや保育者として迷ったり悩んだりしたとき、極端な想像をして、自分にとって大事なことを確認するということをします。例えば、子どもや親が困っているときに子育てを手伝うことについて、人類誕生の時代は？　江戸時代は？　どんなことをしてきたのだろうと考えてみたりします。そうすることで、アロマザリング（子どもを取り巻く母親以外の個体による世話行動）は、昆虫にも見られるようですが、霊長類のなかでもヒトのそれは優れて発達していること、未熟な子どもをホームベースに残して他者に託すしくみは、人類誕生のころからあったのだと確認できると、社会のしくみから保育の役割を考えることができて地に足がつく感覚になるのです。さらに、江戸時代に日本を訪れた外国人から見ると、当時は、大人たちが子どもと一緒によく遊び、どちらが大人か子どもかわからないほど……といった記述も残されていて、それくらいでいいんだなあと肩の力が抜けるのです。こうして、母親の育児能力が落ちたから保育というしくみが必要になったのではなく、ヒトがよりよく生きていくためにもともと必要なしくみだということを再確認すると、自然にというより子孫を残すという必然から助け合ってきた子育てを、今は保育者が担っているという使命感を強めることができます。

近代では、保育所保育指針が最初に策定（通知）された１９６５年以前は、当時の厚生省が3歳未満児の受け入れを通達しても「生命の保障もおぼつかない」と保育の場では拒否される時代でした。そのようななかで、私が40年間勤めてきた東京家政大学ナースリールームは、日本の最初の幼児心理学者といわれた倉橋惣三先生とともに日本の保育を牽引されてきた山下俊郎先生が、乳幼児の最善の利益の保障と女性の就労支援、質の高い保育の実践と研究を目的として、１９６７年、学内に開設されたのです。以下は、山下先生が書かれた「ナースリールーム誕生の記」の一部です。

ナースリーは乳幼児の保育を行う施設であるが、安全で健康な生活のなかで心理的、身体的な発達を順調に進めていくことが至上命令として課せられている。そのため、施設、職員の面でぜいたくな施設になることは子どもの幸せという立場からするときやむをえない。……このことで、財務担当の理事からいためつけられたが、……私は国連児童権利宣言（Ｉ９５９年）のなかの「人類はそのもてる最善のものを児童に与える義務をもつ……」という言葉を引用して強く反撃したものである。しかし、子ども、ことに一番幼い乳幼児が大切にされなければならないことは、私が一生叫び続けることであり、そのことは私に課せられている使命であると考えている。……子ども、ことに乳幼児は自ら人に強く訴えることができない。そのかわり、私たち大人が子どもの代わりに強く、執拗に訴えることが大人に課せられている役割であると考えている。（略）

山下先生の「子どもの権利を守る」という凛《りん》とした使命感で開設されたナースリールームで、私は保育者として育てていただきました。それは、保育者として〝どんなときも子どもの代弁者であること〟に軸を置いて考えるようになったゆえんです。

本書に登場する親子やその家族とのエピソードは、全国私立保育園連盟発行の機関誌『保育通信』２０１３年11月号～２０１５年６月号に連載したものです。そのなかで、子どもの最善の利益を保障するとは？　保育者の専門性とは？　と問いかけました。これはすべて、保育者としての自分自身に問い続けてきたことであり、ひとつの理想を押しつけるものではありません。けれども、願わくば、常に変化している社会や人々の生活のなかで、ときにじっくり、ときに速やかに、心が充たされていく安心感が、保育の場や保育者の専門性に保障され、親も子ものびのびと自分の思いが表現でき、急かされることなく自分らしさが育まれることに役立てていただけたらと思います。

最後になりましたが、保育について常に向上心をもって研究する姿勢をもち続けておられる全国私立保育園連盟の機関誌『保育通信』への連載を20回も続けさせていただいたことを感謝いたします。そして、その連載の書籍化を小学館の『新 幼児と保育』編集長の宮川勉氏より真っ先にいただき、今回皆様の手元にお届けすることができました。このような機会をいただき、そしてたくさんの方々に支えていただいたことを大変幸甚に思います。そして、毎月毎月、ぎりぎりの原稿提出にハラハラさせてしまった担当の森井泉さんが決して急かさずに待ってくださったことは、思いのままに書かせていただいたことにつながったと確信しています。「信じて待ってもらえる」ことの大切さを身を以って感じました。本当にありがとうございました。

子どもたち、親、保育者みんなが前向きに、心豊かに生きることができますようにと祈りつつ。

井桁容子

2015年8月吉日

井桁 容子（いげた・ようこ）
保育の根っこを考える会主宰。
1955年、福島県いわき市生まれ。1976年、東京家政大学短期大学部保育科を卒業後、東京家政大学ナースリールームに勤務。ナースリールーム主任保育士、東京家政大学・同短期大学部非常勤講師を経て現在に至る。著書に、『0・1・2歳児のココロを読みとく保育のまなざし』（チャイルド本社）、『ありのまま子育て―やわらか母さんでいるために』（赤ちゃんとママ社）ほか多数。

装丁／石倉ヒロユキ
デザイン／レジア（小池佳代）
編集／森井 泉、伊藤邦恵、『新 幼児と保育』編集部（宮川 勉）
表紙・カバー・本文イラスト／大久保郁子
校正／松井正宏
本文写真／東京家政大学ナースリールームの子どもたち
写真の掲載にあたっては、許可をいただいたものを使用しております。

初出
本書は、公益社団法人全国私立保育園連盟発行の機関誌『保育通信』2013年11月号～2015年6月号に計20回連載した「子どもと親の今」の原稿をもとに、加筆・修正したものです。なお、本書に登場する子どもたちの名前は、すべて仮名で、エピソード当時の年齢を表記しました。

保育でつむぐ　子どもと親のいい関係

2015年9月7日　初版第1刷発行
2018年11月25日　第3刷発行
著者　井桁容子
発行人　杉本 隆
発行所　株式会社　小学館
〒101-8001
東京都千代田区一ツ橋2-3-1
電話　編集　03-3230-5686
販売　03-5281-3555
印刷所　三晃印刷株式会社
製本所　株式会社 若林製本工場

ISBN 978-4-09-311415-8